CATARATA

Francisco J. Tapiador

Catedrático de Física. Ha sido decano durante nueve años en la Universidad de Castilla-La Mancha (UCLM), a la que se incorporó con un contrato Ramón y Cajal, y donde da clases de Física y de Cambio Climático. Fue *research fellow* en la Universidad de Birmingham durante tres años. Ha sido también *visiting scholar* en las universidades de Cambridge, Mannheim, París, Oklahoma, Colorado y en el JPL (NASA/Caltech). Miembro del equipo científico internacional de la misión GPM de la NASA desde el año 2009, formó parte del equipo científico de los Juegos Olímpicos de Invierno de Pieonchang (Corea del Sur) en 2018. Ha trabajado en varios comités de evaluación de la Agencia Espacial Europea (ESA) y de la NASA. Vicepresidente del Grupo Especializado de Física de la Atmósfera y del Océano de la Real Sociedad Española de Física (RSEF), coordina el grupo de investigación consolidado Ciencias de la Tierra y del Espacio de la UCLM. De formación dual en ciencias y letras (además de doctor en Física de la Atmósfera es licenciado en Filosofía y Letras) su investigación en física se ha centrado en el estudio de la precipitación y de las nubes utilizando satélites y modelos, habiendo publicado decenas de artículos internacionales que tocan una gran variedad de temas en ciencias naturales, sociales y humanidades, incluyendo educación superior. Ha sido miembro de la comisión que diseñó el Grado de Física de la UCLM en Toledo. Es miembro del consejo científico del comité español del programa Hombre y Biosfera de la UNESCO y editor asociado de la prestigiosa revista internacional *Atmospheric Research*. Ha publicado cuatro novelas, cuatro ensayos y tres libros de poesía como único autor, además de colaborar en obras corales y de escribir numerosos estudios introductorios. Entre sus ensayos destacan *El clima de tus hijos* (Next Door, 2021), *España. Anatomía de un país extraordinario* (Arzalia, 2023) y *La Física de la Naturaleza* (Catarata, 2023).

Francisco J. Tapiador

La universidad. Qué es y para qué sirve

Fuencarral, 70
28004 Madrid
TEL. 91 532 20 77
www.catarata.org

ISBN: 978-84-1067-039-6
Thema: JNM/4CT
Depósito legal: M-12.964-2024

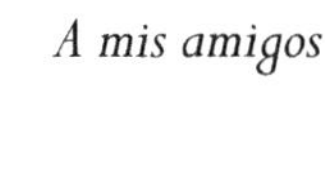

A mis amigos

Índice

Cómo empezó este libro

Era sábado y lucía un sol espléndido, lo recuerdo perfectamente. Una bonita tarde de principios de junio, hace ya unos cuantos años, estaba tomando un café con mi amigo Toño por el barrio de las Letras, en Madrid. Su hijo Juan iba a comenzar la universidad al año siguiente.

—¿Podrías darle algún consejo? —me pidió.

—¿Sobre qué? —le pregunté haciéndome el tonto mientras sorbía mi *americano*. Porque sabía perfectamente lo que me iba a pedir.

—Algún consejo sobre cómo sacar la carrera —dijo Toño.

Le miré y ambos sonreímos.

—No te preocupes —le dije—, es más fácil de lo que parece.

—Ya, pero estoy harto de ver a hijos de amigos que lo acaban dejando...

—Eso es que no los han orientado bien —le repliqué al instante mientras me fijaba en los turistas despistados que no paraban de cruzar frente a la terraza de la cafetería. Me sorprendí a mí mismo por la rapidez y seguridad con que lo dije, como si Toño hubiera liberado un resorte dentro de mí.

—Pues eso te lo pido a ti... —replicó, mientras se llevaba su café a los labios sin dejar de mirarme ni de sonreír.

Me estaba enredando. Pero yo no quería comprometerme, porque lo que me estaba pidiendo mi amigo me parecía una gran responsabilidad.

—Cuéntaselo tú mismo, Toño... —le dije, intentando escaquearme—. Tú ya sabes mis teorías al respecto. Cuéntale lo que hemos hablado tantas veces.

Toño rio.

—Ya, pero yo soy su padre, y no me va a hacer ni caso.

En eso tenía razón.

Dudé otra vez. Y ese fue mi fallo. Una vez que entreabrí la puerta, ya era inevitable.

—¿Y si me equivoco con mis consejos? —le contesté.

—¿Qué quieres decir? —me preguntó extrañado.

—Pues que lo que yo creo que hay que hacer en la universidad puede que a él no le sirva.

—¿Qué se puede perder? —me replicó Toño—. La gente da consejos todo el tiempo, sepa o no del tema. Tú llevas muchos años dando clase, y ya hace siete años que eres el decano de una facultad grande. Has estado investigando en sitios de prestigio, como Cambridge o Caltech, has pasado mucho tiempo en el extranjero, conoces a científicos muy importantes, no se te da mal lo que haces..., algo sabrás del asunto, ¿no?

Toño sabe que no hay nada como acariciar el ego de un profesor. Caí en la trampa.

—Vale, pero en vez de darle una charla, lo escribo, y así organizo mejor mis ideas.

Fue de esa manera, en una soleada tarde de finales de la primavera, como surgió este libro.

Es cierto que no quería empezarlo por miedo a equivocarme. Pero luego recordé lo que había dicho Toño, eso de la cantidad de gente que escribe sobre cualquier asunto sin tener mucha idea y sin ninguna cualificación, y me di cuenta de que, bueno, yo sí que sé algo del tema y sí que es verdad que puedo realizar una aportación informada.

El siguiente paso fue dedicar el verano a escribir un primer borrador del libro. Se lo enseñé a Toño para ver si era lo que necesitaba. Le pareció perfecto, así que decidimos utilizar a su hijo Juan como conejillo de Indias. Si a él le iba bien aplicando lo que yo proponía, entonces quizá tuviera sentido plantearse publicarlo.

Unos años más tarde, cuando Juan acabó la carrera con éxito, le di un pequeño repaso al texto y se lo pasé a mi colega y amigo Eduardo, otro catedrático de ciencias con mucha experiencia docente y además padre entregado, para ver si funcionaba. Resultó que estaba de acuerdo en un 99% con lo que yo había escrito, y además le pareció un libro bueno y potente. Luego se lo leyeron mis amigos Jordi y Jose, catedráticos de Ciencias Sociales y Humanidades, a quienes también les gustó.

Creo que el texto final de este libro, el resultado de todo este proceso que he descrito, ha merecido la pena. No solo por lo que supone de testimonio de un periodo, sino más bien por la mirada a través del ojo de la cerradura que puede aportar a los que aún no conozcan bien la universidad española. A pesar de que hay obras excelentes, como *Defensa del estudiante y de la universidad*, de Pedro Salinas, o *Cómo reformar la universidad en 15 días*, de Jaume Porta, se trata de un mundo que desde fuera puede resultar opaco, especialmente en los niveles que van más allá del doctorado.

El penúltimo paso antes de mandar esto a imprenta fue pasárselo a otro profesor en cuyo sentido común y criterio confío —excepto cuando tiene que ver con el derecho, pero esa es otra historia—. Sus comentarios siempre incisivos, francos y puntillosos me ayudaron a limar algunas partes y explicar mejor las que pudieran ser malinterpretadas en una lectura rápida. No estaremos de acuerdo en muchas cosas, pero nadie como él para calibrar lo que escribo.

También se lo pasé a una decana con la que mantengo cierta complicidad por haber librado batallas similares, además de a otros amigos también de la universidad que son demasiado tímidos como para que yo ponga aquí sus nombres. Les gustó a todos, así que hablé con Carmen Pérez, mi querida editora en Los Libros de la Catarata. Le pregunté si querría hacerme un hueco en su cuidada colección para que así el libro que escribí para mi amigo Toño pudiera llegara a más gente.

Pensé que, como es habitual con los editores serios, tardaría meses en contestarme, o que —como es también habitual— quizá no encajase en su línea editorial, pero al cabo de tres días me mandó un WhatsApp muy amable. Le había entusiasmado mi libro y me dijo que quería sacarlo enseguida.

—Se lee fenomenal. Está bien escrito, y el tono entre informal y serio, con anécdotas personales, lo hace muy entretenido. Se lee de una sentada. Puede ser muy útil. ¿Por qué no lo amplias un poco para cubrir la gestión, aprovechando tu experiencia como decano?

Me resistí un poco a esto, pero al final me animé y añadí los capítulos 38 y 39. El libro fue finalmente evaluado por otros profesores dentro del proceso editorial, y el resultado de todo ese viaje es lo que tienes ahora en tus manos.

Espero que la lectura te resulte amena. Pero nada más empezar, debo hacerte una advertencia.

ELEGIR Y EMPEZAR
UNA CARRERA UNIVERSITARIA

1

Cuidado con este libro

Este libro pretende que tu paso por la universidad, o tu vida dentro si te has quedado en ella, sea lo más agradable posible. Se trata de ayudarte a disfrutar del sitio contándote cosas que no se suelen decir, ya sea porque los que mejor podrían hacerlo no tienen tiempo para ponerse a ordenar su experiencia y reflexionar a partir de ella o porque temen meterse en jardines y ser malinterpretados.

De hecho, la mayor parte de los libros que he leído sobre el tema están escritos por profesores jubilados (es decir, más allá del bien y del mal) o por gente que habla de oídas o que copia a otros. Los primeros libros suelen ser muy buenos. Los segundos y terceros, invariablemente malos. No hay peligro de que el mío caiga en un *corta-pega* porque, como el lector comprobará enseguida, es un libro bastante idiosincrático. Espero también que el desenfado general con el que escribo me ayude a alcanzar el nivel de claridad propio de un emérito.

La mayor parte de este libro está escrita en segunda persona. Me dirijo a ti, que si estás leyendo esto es probable que tengas interés en estudiar una carrera y que quizá te plantees, después, dedicar tu vida a la ciencia, a las disciplinas sociales o a las humanidades; o a ti, que quieres conocer con cierto detalle cómo funciona la universidad por dentro, o que acabas de empezar tu carrera docente y deseas saber qué piensa un catedrático sobre los primeros años de esta profesión. Pero también será de utilidad para aquellos que dejaron la universidad hace tiempo, al ofrecerles una lectura de su propia experiencia, y para aquellos que nunca iniciaron estudios superiores, para que sepan lo que hacemos en esta casa. En resumen, es un libro para todos los que estén interesados en conocer mejor la universidad a través de alguien que lo cuenta desde dentro, sin otra motivación que la de aportar su grano de arena para mejorar la institución, y, por tanto, a la sociedad.

Sin embargo, no es un libro para cualquiera.

Tengo que avisarte desde el principio. En este libro vas a leer afirmaciones que quizá no te gusten. Habrá cosas que te hagan sentir emociones que pueden resultarte desagradables, y te encontrarás con ideas con las que no estarás de acuerdo. También, si eres joven, vas a leer párrafos que probablemente ahora no entiendas en su totalidad, pero que es importante que alguien te haya dicho alguna vez. Dentro de unos pocos años te darás cuenta de dónde te ha llevado haberlos leído.

Te advierto que voy a ponerte ante realidades incómodas, y que quizá te sientas retratado de una forma que no siempre te va a gustar. Y te lo señalo no para que te plantees si quieres continuar leyendo —porque te conviene seguir—, sino para que estés preparado y no tires el libro a las primeras de cambio en cuanto leas algo que te sorprenda o con lo que no estés de acuerdo.

En cuanto empieces a leer, te darás cuenta de que este es un libro peculiar que refleja una visión personal de muchos asuntos. Puedo haberme equivocado en algunos enfoques, porque, aunque mi campo de visión sea amplio, no es ilimitado. No creo que mi experiencia sea universal, aunque sí que es más completa que la de muchos otros que no dudan tanto en pontificar sobre el tema. Yo estoy dispuesto a rectificar mis posiciones si se me demuestra que estoy en un error, y aquellos que lean el libro desde dentro de la universidad son más que bienvenidos a contactar conmigo para indicarme lo que les pueda haber chirriado. En todo caso, se trata de un libro honesto, en el sentido de que todo lo que digo lo pienso en realidad, y que no digo nada que no crea.

Otra cosa es que diga todo lo que pienso. Nadie con cierto sentido de la preservación es totalmente sincero, así que, cuando te encuentres con algún comentario que te parezca especialmente descarnado, interpreta que esa frase se encuentra muy rebajada respecto a lo que me habría gustado decir. No comento nada de lo que pienso de los trabajos de fin de grado, ni del sistema de calificaciones en vigor, ni de los incentivos profesionales de los docentes, ni de las prácticas dudosas de algunos compañeros. He preferido ser cauto y dejar que sea el lector quien lea entre líneas.

Mi forma de escribir no es la de apilar referencias para deslumbrar al lector con el trabajo de otros. Es muy fácil escribir un libro apuntalando cada frase con un par de citas eruditas, pero ni es mi estilo ni me gustan ese tipo de libros. La originalidad es un valor al alza y el criterio de autoridad periclitó ya en el siglo XVI, así que te ruego que valores las ideas que propongo en sí mismas y no atendiendo a una supuesta autoridad académica.

Habrá ocasiones en las que me disputarás algún consejo pensando que hablo con algún sesgo porque quizá para mí todo fue muy fácil, que tuve una infancia regalada o que dispuse de unos buenos medios de estudio. No pienses eso. En primer lugar, porque no es cierto. En segundo lugar, considera que es posible que, a pesar de todo, lo que te esté diciendo tenga sentido, así que dale una oportunidad al texto y reflexiona sobre lo que has leído.

2
¿Sirvo para estudiar una carrera universitaria?

Esta es una pregunta que se hacen muchos estudiantes, sobre todo en primero o nada más acabar el bachillerato.

La respuesta corta es esta: sí, sí sirves.

La razón de poder contestar tan deprisa es que hoy cualquiera que se lo tome en serio puede acabar una carrera universitaria. Es solo cuestión de trabajo. No tiene mucho que ver con tus capacidades intelectuales. Como les digo a mis alumnos el primer día de clase, si eres listo o espabilado te costará menos trabajo sacar la carrera, pero si todavía no lo eres, no pasa nada. Tendrás que echarle más horas, pero lo acabarás consiguiendo.

También les digo otra cosa, una importante. Les digo que si pertenecen al grupo de los que aún no han descubierto sus capacidades, los profesores los vamos a hacer más inteligentes, así que muy pronto les será más fácil avanzar.

Y es que en la universidad te hacemos más listo. Si te dejas, claro.

Si te gusta mucho lo que quieres estudiar, pero tienes dudas sobre tu capacidad, deja de tenerlas desde ahora mismo. Querer estudiar algo ya es un gran avance. Si lo tienes claro, si has identificado lo que te gusta, te irá bien. Pero si empiezas la carrera y resulta que lo que estás estudiando no es exactamente lo que querías, también hay soluciones, como te mostraré en el capítulo 21.

No tener muy claro en qué te has metido es una situación habitual al empezar la universidad. La vida a veces es complicada, eres joven, y hay muchas razones para haber acabado donde estás. Y es que en la elección de una carrera aparecen varios factores. Los hay más o menos idealistas: desde querer dedicar la vida a la ciencia o a salvar vidas hasta conseguir un título para poder tener un buen trabajo en el que ganar mucho dinero para gastárselo en tu tiempo libre. Se puede estudiar también por aburrimiento, por inercia, porque es lo que decidió tu mejor amiga o porque te obligan a hacerlo.

En cualquier caso, lo que te puedo decir es que alcanzar el éxito depende más de ti que de cualquier otro factor. Si te esfuerzas y sigues unas pocas indicaciones, especialmente una muy concreta que te voy a revelar un poco más adelante, lo conseguirás.

En el camino te vas a encontrar obstáculos, pero en los capítulos siguientes te iré explicando cómo superar los problemas de falta de interés, de ganas, de voluntad, de recursos o de capacidades. Lo más importante, sin embargo, es lo que compartiré contigo como la estrategia maestra para aprender al mismo tiempo que apruebas. Se trata de algo muy sencillo que cualquiera puede hacer, y que por lo tanto debería ser habitual que controlases. Pero a menudo no es así, y la razón, quizá, es que pocas veces se explica, ya sea porque se da por supuesta o porque no se le otorga la importancia que merece.

El secreto no es nada extraño ni ninguna receta mágica. Es una técnica sencilla que es posible que creas que ya dominas, porque se supone que lo has hecho desde siempre. Sin embargo, creo que es muy probable que no lo hagas todo lo bien que hace falta como para sacarse una carrera.

En este libro te enseño cómo emplear esa capacidad, cómo mejorarla, y te muestro por qué es crucial.

Pero antes de eso, tengo que contarte un par de cosas.

3

Olvídate de 'las salidas' y sigue tu pasión

El factor que más ayuda a elegir y estudiar una carrera es tener una pasión. Esta puede ser desde el amor a los pájaros hasta el deseo de convertirte en un gran abogado, pasando por querer descubrir un tratamiento definitivo para el cáncer, ganar mucho dinero o ser alguien popular y reconocido que sale por la televisión. También puede consistir en la loca idea de ganar un Premio Nobel.

Las mejores pasiones son aquellas tras las cuales se trasluce un deseo altruista, una propensión natural o la curiosidad, porque se basan en algo valioso y estable, y no en fantasías poco realistas. Pero en la práctica te será útil cualquier cosa que haga que te levantes por las mañanas para trabajar con alegría.

La pasión puede surgir de repente o cambiar con los años. No es infrecuente que alguien empiece a estudiar algo motivado por ambiciones materiales o por la búsqueda de reconocimiento social y que en el camino se encuentre con algo más profundo a lo que querer dedicar su vida.

De hecho, en mi experiencia, la mayoría de la gente que empieza una carrera no tiene una pasión definida. Muchas veces esta se desarrolla cuando uno está estudiando una asignatura que le atrae o aparece solo al final de los estudios. No obstante, es mejor que la descubras antes de matricularte.

Pero ¿qué pasa si no me gusta nada en particular?, te preguntarás.

Es cierto que la elección de la carrera puede ser difícil para aquellos sin una inclinación muy marcada. Hace diez años tuve una estudiante en mi facultad a la que pregunté que por qué había escogido estudiar Ciencias Ambientales en Toledo. Su respuesta fue: "Porque no me han admitido en Bellas Artes en Cuenca". Pensé que íbamos mal, que empezar de rebote algo tan diferente y en otra ciudad no era un buen comienzo. Pero lo cierto es que ella enseguida se dio cuenta de lo maravilloso que era lo que le enseñábamos, y acabó la carrera con facilidad. Hoy es una conocida ambientóloga a la que le encanta su trabajo.

Cuando le recuerdo aquella anécdota, nos reímos mucho. A veces, empezar algo por accidente te acaba conduciendo al lugar al que no sabías que querías ir, un lugar en el que te sientes cómodo y a gusto. Al principio quizá no tengas vocación, pero es muy posible que la desarrolles cuando algunos profesores te presenten un mundo fascinante.

En el caso de que sí tengas una inclinación marcada, a veces surge un dilema. ¿Debo elegir lo que me guste o aquello en lo que sea bueno? Si ambas cosas coinciden, la pregunta se contesta sola. Pero si, como es habitual, una cosa es lo que te gusta y otra lo que sabes hacer bien, el tema se complica.

Y es que hay estudiantes a los que se les da muy bien hacer integrales y derivadas, pero a los que no les gustan las matemáticas. Y a la inversa, gente que siente que las matemáticas son lo que le gusta, pero que es torpe realizando operaciones o tiene algún problema, como que intercambia los números o las letras. También sucede a menudo que se tiene cierta dificultad para retener cifras en la cabeza.

Mi consejo, discutible, es estudiar lo que te guste, aunque no seas bueno en ello. El límite de hasta dónde llevar esta idea está en el sentido común. Si tienes una mala capacidad motora, o te aterra la sangre, es mejor que te pienses dos veces ser cirujana, por mucho que te atraiga la profesión. Puedes embarcarte en ello, pero tendrás que trabajar diez veces más para corregir tu problema, y aun así es posible que no llegues nunca a conseguirlo o que si llegas a graduarte, tengas después graves dificultades para encontrar un trabajo. Sé realista. Si tienes mala vista no vas a poder ser piloto comercial. Asúmelo.

Una vez aplicado el sentido común, el éxito para sobreponerte a una limitación va a depender en buena parte de la voluntad que le pongas y de la gravedad del problema. Un caso famoso es el de Demóstenes, un griego de la época clásica que era tartamudo, pero que superó su tartamudez a base de constancia y esfuerzo, siendo recordado después como uno de los grandes oradores de la Antigüedad.

Aunque, ten cuidado. Sé realista. A veces, querer algo con mucha fuerza puede ayudar a superar cualquier obstáculo, pero otras, me temo que no. Valora tus capacidades, y piénsalo bien antes, sobre todo si estás barajando diversas opciones.

Ten también en cuenta que hay profesiones cuya tasa de éxito es muy baja. Escritor es una de ellas. Es mucho más seguro ser economista o abogado que lanzarse a escribir novelas. En la mayoría de los casos, además, no solo es más seguro, sino mucho más sensato. Solo un porcentaje ínfimo de los que desean vivir de la literatura lo consigue. Ser novelista de éxito es uno de los mejores trabajos del mundo, pero es como ser un futbolista de la selección nacional: algo muy difícil y en lo que intervienen factores fuera de tu control.

Si has tenido en cuenta esto y aun así estás absolutamente seguro de que es lo que quieres, porque tienes una gran pasión por esa carrera, no lo dudes. Estúdiala.

La facilidad para hacer algo ayuda, aunque no lo es todo en el ámbito de la universidad. Si eres muy bueno, por ejemplo, dibujando —lo que es una ventaja para una carrera como Arquitectura—, pero resulta que no te gusta la profesión, es mejor que no lo hagas. Es mejor congelar una habilidad para un uso futuro que llegar a tercero de carrera y darte cuenta de que esa profesión no te llena, y que lo que tú querías era convertirte en ilustrador y trabajar en publicidad.

Los casos de decepción que he conocido han acabado con la persona dejando esa carrera que nunca le acabó de convencer y volviendo a la casilla de salida. Un gasto de dinero y, sobre todo, de tiempo. Es casi mejor acabar de una vez, aunque te cueste un poco de trabajo extra finalizar algo que no te gusta, y luego rehacer tu vida en otra cosa.

En los colegios e institutos existe la figura del orientador. Pueden ser útiles. Sin embargo, un aspecto a tener en cuenta es que a veces los consejos que dan no son acertados porque las personas que los dispensan no tienen toda la información que necesitan para ayudarte, ya sea porque no se la han transmitido a ellos o porque, por falta de tiempo o interés, no te conocen lo suficiente. También puede suceder que a ellos les falte experiencia en la vida o que carezcan de formación específica sobre algunas carreras. Y los prejuicios personales también influyen.

Tuve un alumno con graves dificultades motoras y de relación social que, mal aconsejado desde el instituto, aterrizó en el grado de Bioquímica. Cuando alguien tiene algún problema, la universidad adapta el itinerario y pone todos los medios para que nadie se quede atrás, y es verdad que el estudiante acabó la carrera. Pero habría sido mucho mejor que, siguiendo lo que además se le daba bien y le gustaba, le hubieran mandado a Física o Matemáticas. Se habría enfrentado a muchos menos desafíos insuperables y su futuro laboral estaría más claro. Pero el orientador era biólogo, y quizá eso ejerció un sesgo en su análisis.

Tampoco te obsesiones desde primero en las salidas laborales. Tu primera ocupación en los años universitarios es formarte para estar preparado para el futuro, pero el futuro es en muchos aspectos impredecible y no adelantas nada con preocuparte en exceso por él. Ya llegará. Mientras no estés perdiendo el tiempo, sino haciendo algo útil, estará bien lo que hagas.

Ten en cuenta que el mercado laboral es un lugar con sus propias reglas. A muchas fundaciones y consultoras les da igual tu formación técnica mientras seas capaz de trabajar gratis durante un tiempo, en prácticas, escribiendo proyectos. Si eres capaz de conseguir un contrato, entonces te ficharán para cazar subvenciones y, si se te sigue dando bien, ascenderás en el escalafón. Esto en el ámbito ambiental y en todo lo que tenga que ver con realizar asistencias técnicas a la Administración está a la orden del día, así que dedica tus cuatro años de carrera a aprender algo que te satisfaga.

Una advertencia para acabar este capítulo. Esto de encontrar tu pasión lo verás escrito en montones de libros de autoayuda. Son libros que sí sirven de ayuda, pero para el que los publica. La mayoría están escritos por gente sin otra cualificación que la de ser capaz de engatusar con palabras diciéndote obviedades o lo que quieres oír. Es muy fácil escribir eso de "persigue tus sueños", y se venden muchos más libros si no añades los matices que necesita esa afirmación para no ser en general falsa. Porque así, dicha sin más, es un engaño.

Ten cuidado con esos libros y busca el consejo de expertos que tengan una trayectoria consolidada y cierta reputación, no de alguien que dejó la carrera en tercero y que, teniendo dificultades para llegar a fin de mes, se puso a escribir libros sobre cómo triunfar en la vida.

4

Si te organizas, te da tiempo a todo

La condición previa para que te dé tiempo a todo durante tus estudios es organizarte bien la vida. No es necesario convertirse en un monje cartujo para sacar una carrera. Pero es evidente que si te levantas a las 11 y te acuestas a las dos de la mañana, te va a resultar difícil encontrar un rato largo para estudiar. Sin embargo, si duermes lo necesario y dedicas al ocio un espacio razonable, encontrarás tiempo para todas las actividades académicas y además las harás mejor.

Una vez, en Brasil, conocí a un ingeniero cuyo lema era: "Trabaja a tope, disfruta a tope". Lo que quería decir es que hay que hacer en cada momento lo que toca. Si estás trabajando, no puedes distraerte con otras cosas. Si estás leyendo, estás leyendo. Si dedicas las horas de trabajo a trabajar al 100%, luego podrás dedicar el resto a otras actividades. Incluidas las fiestas, como explicaré en el capítulo 14.

Puedes flojear en la parte del ocio y no pasará nada. A nadie le entra cargo de conciencia por haberse puesto a estudiar cuando se supone que tenía que estar descansando. Por el contrario, lo peor que puedes hacer es malgastar el tiempo de estudio, porque en ese caso sí que te entrará cargo de conciencia y eso te impedirá disfrutar del tiempo libre.

Lo más importante de tu planificación no es saber qué tienes que hacer en cada momento, que eso es fácil, sino hacerlo.

Un primer secreto es que es más fácil empezar algo que procrastinar. Cuando lo empiezas, además, ya tienes hecho lo más importante: ponerte. Luego ya es seguir. La resistencia que hay que vencer para ponerte a lo que debes hacer es muy alta. Eso lo sabemos todos. Técnicamente se le llama barrera de potencial. Es como el reparo a tirarse al agua fría de la piscina. Cuesta un poco.

Hay varias razones que llevan a procrastinar: creer que no vas a poder hacerlo porque no estás cualificado (olvídalo: vas a tener que hacerlo de todas formas, así que cuanto antes empieces, mejor), el estrés que te genera la tarea (lo mismo, olvídalo. Se te pasará cuando lleves un rato trabajando) o pensar que la tarea es inútil (puede ser, pero vas a tener que hacerlo igual, así que, de nuevo, cuanto antes empieces, antes te lo quitas de encima).

Pero una de las razones principales de esa resistencia es ser perfeccionista. No se tienen ganas de empezar porque se teme no hacerlo todo lo bien que se quisiera. Quítate esa idea de la cabeza. Debes convencerte cuanto antes de que lo óptimo es enemigo de lo bueno, y que no importa no hacer de manera perfecta lo que te resistes a empezar. Siempre habrá tiempo para mejorarlo. Pero para eso tienes que dar el primer paso.

Lo mejor, como en el caso de la piscina, es no pensar mucho en ello y hacerlo. Siguiendo el logo de una conocida empresa deportiva: "Simplemente, hazlo".

Cada uno tiene su táctica y su estrategia para no dejar las cosas para luego. Mi truco, de hecho, no es la frase de Nike, sino un refrán manchego: "Cosa hecha, no corre prisa". Sea cual sea la manera que tengas para arrancar, todo será más sencillo una vez que consigas ponerte a ello. Es solo el primer paso el que cuesta.

He dicho arriba que la planificación es la parte fácil, pero, por si acaso, voy a dedicarle media página a resumirla.

¿Cómo se organiza uno en los estudios universitarios? Primero, tienes que asistir a las clases, a los laboratorios y al resto de las actividades académicas. Después, en función de tus capacidades, tienes que dedicar más o menos tiempo a estudiar lo que habéis ido viendo en el aula, laboratorio o en el trabajo de campo.

Tiene que haber también una parte de ampliación de lo que te han contado y has de encontrar tiempo para leer.

Tu secuencia de trabajo diaria podría ser algo así:

- 9-14 clases
- 14-15 comida
- 15-16 biblioteca
- 16-19 estudio / preparación del día siguiente
- 19-20 lectura libre
- 20-21 cena

Si estudias ciencias o una ingeniería, las semanas en las que tengas laboratorios por las tardes tendrás que variar este esquema, pero si el plan de estudios está bien diseñado, serán momentos excepcionales. Tu rutina habitual debería ser algo parecido a lo anterior.

Antes y después de tu secuencia de trabajo tienes sitio para hacer deporte. Los fines de semana tienes más tiempo para ello. Además, madrugar es bueno para tu salud.

A clase hay que ir aunque no sea obligatorio y el profesor te resulte tedioso. Siempre se puede sacar algo interesante y, sobre todo, obtendrás pistas sobre cómo superar la asignatura.

Es importante ir preparado a clase. La clase de universidad de hoy no es el lugar donde recibes unos conocimientos por primera vez, sino donde se resuelven dudas y se incide sobre lo más importante de un temario. Llevar la materia leída te ayudará a que aprendas más rápido.

Tomar apuntes en clase es fundamental. Es la manera de organizar la información y de que el aprendizaje se aloje en la parte de tu cerebro en donde debe estar. Ir a clase como si fueras a escuchar una conferencia o solo a participar en las actividades es un desperdicio. Por cierto, que los apuntes los deberías tomar a mano y en papel. Está estudiado que eso ayuda a aprender. Lo mismo con los libros: manéjalos en papel, aunque pesen más y sean más caros.

Los fines de semana también hay que trabajar, aunque de otra manera mucho más relajada. Levántate pronto el sábado. Si amaneces a las 12, habrás perdido casi un cuarto del fin de semana.

Aprovecha el sábado y el domingo para completar aquello que no te haya dado tiempo a hacer durante la semana, pero también —y esto es muy importante— descansa.

¿Qué obstáculos aparecen cuando uno se pone a seguir ese plan? Muchos. La gente de mi edad también ha tenido 18 años y aún recuerda que las prioridades en esa época de la vida son muy diferentes a estar encerrado en casa estudiando. La principal suele ser el sexo; después, los amigos; la tercera, fantasear y la cuarta, coleccionar experiencias nuevas. Todo ello es normal. No te fustigues por preferir hacer cualquiera de esas cosas tan importantes antes que estudiar. Es lo suyo para la mayoría de las personas. Simplemente, recuerda el título de este capítulo, y organízate para poder hacerlo todo.

Fantasear, en particular, es importante. Se confunde a veces con hacer el vago, porque ambas actividades, vistas desde fuera, parecen consistir en no hacer nada. Pero la diferencia es que hacer el vago es no hacer lo que tenías que estar haciendo, mientras que fantasear es que ahora toca no hacer nada y dedicas ese rato a dejar que tu mente vague. Esa función cerebral, junto con dormir bien, es muy importante para desarrollar la abstracción y para que cuando estés enfrascado en un problema difícil se te ocurran ideas que parecen provenir de la nada.

Son las musas.

5

Aprovéchate de tus profesores

Un profesor no es solo alguien que te da clase, sino una persona que sabe mucho de su campo de conocimiento. En las universidades buenas vas a encontrar a grandes expertos en eso que has elegido estudiar. En algunos casos, quien te enseña lo básico en una asignatura de primero puede que sea el mayor experto del mundo en una técnica concreta de una especialidad o quien tiene los mayores conocimientos en alguna parcela del conocimiento humano. Esto lo deberías aprovechar.

El profesor te puede parecer más o menos cercano dependiendo de su personalidad y de su manera de llevar las clases, pero debes saber que en las distancias cortas la gente suele ser más accesible. Hay docentes que parecen muy serios y distantes durante la clase, que es un espacio en el que (date cuenta) tienen que lidiar con 60 personas a la vez. Pero luego en la tutoría son un encanto.

No tengas miedo tampoco a preguntar en clase todo lo que quieras. Si no te atreves, eres tímido o no quieres que tus compañeros te miren mal, para eso están las tutorías personalizadas.

Si encuentras a un profesor que trabaja en lo que es tu pasión, exprímelo. Haciéndolo, sacarás provecho de un recurso gratuito, renovable, escaso y valioso, pero además podría suceder que encontraras el trabajo de tu vida. Contrariamente a lo que la gente piensa, un profesor no tiene nada fácil encontrar buenos colaboradores. Pueden pasar muchos años hasta que se encuentra a la persona adecuada, alguien que con el tiempo se acabe convirtiendo en un compañero más.

Un consejo que te doy es que no vayas a ver a tus profesores solo para que ellos te vean y crean que tienes interés. A los pelotas se los ve venir enseguida y a nadie le gusta perder el tiempo con ellos. Si finges, al final decepcionarás a tu profesor y habrás perdido una oportunidad de mejorar. Pero si tu interés es genuino, no te cortes en ir a verlo cuando quieras o en pedirle cosas: libros, orientaciones, consejos o lo que te apetezca.

Hay un tema incómodo, pero que no quiero dejar pasar. No te voy a engañar. No todos los profesores universitarios son buenos. El sistema de selección no es perfecto, y siempre se cuela alguno que no debería estar ahí. Gente que entró por enchufe, por ser familiar de alguien, por hacerle favores a alguien con poder, o por casualidad, porque estaba en el sitio adecuado en el momento preciso. Pero esto está mejorando, y hoy es más difícil que acabe de profesor alguien que no haya estado unos años en otro sitio demostrando su valía, que no sea especialmente brillante o que no sepa trabajar bien de manera independiente en algo nuevo y relevante.

No digo que todos esos criterios sean necesarios. Tengo compañeros muy buenos que por circunstancias no han salido de la universidad en la que estudiaron, que son hijos o parejas de profesores, o que tuvieron la suerte de que les dieran una beca porque otro mejor renunció. Pero en todos los casos esas personas son muy buenas en lo suyo y tienen una gran vocación universitaria.

Quedan casos, sin embargo, de gente sin vocación que entró por la puerta de atrás, y es casi inevitable que te topes con alguno. Hay personas para las que ser profesor universitario es solo un trabajo, no una carrera, y que viven amargadas porque piensan que no se las valora todo lo que se debería, o que merecen más que otros. En estos casos suele ser al revés; suele ocurrir que en realidad tienen mucho más de lo que merecen, pero no se dan cuenta y pagan su frustración con los estudiantes.

Tienes que aprender a vivir con este tipo de profesor. Trátalos con humanidad, porque son gente que en el fondo necesita afecto, y también con inteligencia, evitando que te arrastren a su agujero negro personal. Pero, sobre todo, no dejes que te roben tu ilusión. El que ellos no hayan conseguido sus sueños no quiere decir que tú no puedas alcanzar los tuyos.

El trabajo más importante que tenemos los profesores es formar a gente que sea mejor que nosotros, pero esto a veces también se olvida y hay compañeros que no proporcionan todas las herramientas que necesita un estudiante para poder optar a lo máximo que le permitan sus circunstancias. Se limitan a cumplir con la normativa, sin mostrarte el camino hacia la excelencia.

Los buenos profesores son otra cosa. Ellos comparten y quieren sacar lo mejor de ti. La experiencia acumulada durante muchos años de profesión es un tesoro que puede ayudarte a evitar muchas vías muertas, elecciones que no van a ninguna parte o que te retrasan en la tarea de ser cada vez mejor.

Una condición para aprovecharse de esta mina de oro que es un buen profesor es la confianza. El estudiante debe confiar en su maestro, aunque al principio no entienda sus métodos. La escena clásica de *Karate kid* en la que el señor Miyagi pone al chico a "dar cera, pulir cera" refleja bien esta idea. ¿Para qué quiere un futuro karateka entrenarse limpiando un coche? ¿Qué relación hay entre esas tareas y su disciplina, el kárate? El maestro lo sabe. Pero el estudiante no percibe la conexión, lo que es natural, porque si alguien quiere aprender algo es *porque no lo sabe*.

La noción de que el estudiante está en condiciones de criticar los métodos de enseñanza que se le aplican está muy extendida, pero es errónea. Quizá, al cabo de mucho tiempo, cuando acabe su aprendizaje, el alumno pueda echar la vista atrás y —si se ha convertido en un maestro de ese campo— pueda aportar alguna luz sobre el proceso formativo al que lo sometieron. Pero mientras tanto, lo que tiene que hacer es seguir el plan de trabajo del que le enseña, confiando en que lo que se le propone es para su beneficio.

Un ejemplo: si el profesor utiliza palabras que no conoces no es para torturarte, es para que busques su significado y amplíes tu vocabulario. Tu profesor emplea un registro elevado por algo. Puede ser porque sea un pedante, sí, pero lo más probable es que te esté mostrando con un ejemplo cómo habla un universitario. No es él quien tiene que bajar su nivel, sino tú quien tienes que esforzarte en llegar al suyo.

La confianza maestro-alumno es muy delicada, y esto lo saben aquellos que comparten los métodos pedagógicos que se han mostrado más eficaces a lo largo de la historia. El método en particular depende de cada caso. Cada profesión, cada disciplina y cada ciencia tiene su sistema de enseñanza. El método perfecto en, por ejemplo, filosofía, ya lo inventó Sócrates hace 2500 años. Se llama mayéutica. Consiste en guiar al estudiante en su aprendizaje a través de preguntas, de forma que él mismo obtenga las respuestas. En otros campos se aprende resolviendo problemas que no se han visto antes, y en otros, mediante la repetición. Existen también las llamadas metodologías constructivas, que algunos profesores de ingeniería me dicen que les funcionan bien.

Los malos profesores tienden a criticar a los buenos con argumentos como que están anticuados, que dan clase solo para los listos, que usan libros de texto o que se salen del temario para explicar complementos que confunden a los estudiantes. Basándose en teorías que no son científicas, y aprovechándose de la tendencia natural a seguir el mínimo esfuerzo, no se dan cuenta de que sus propias limitaciones no son el resultado del proceso de aprendizaje que ellos siguieron, sino de sus carencias personales, de su poca habilidad técnica o de su falta de vocación.

Estas personas pueden llegar a ser buenos animadores socioculturales o monitores de actividades de tiempo libre, pero en el fondo no deberían estar dando clase en la universidad, porque no comprenden el sistema educativo, la ciencia y la cultura. Vienen a ser como alguien a quien le gusta mucho el fútbol pero que para vivir se ve obligado a dar clases de ajedrez. Se pasará el día criticando la falta de movimiento, de sociabilidad, de ruido y echará de menos las combinaciones entre los jugadores, los pases y las paradas gloriosas de los porteros. Pero no puede pretender convertir una escuela de ajedrez en una de fútbol.

Otro caso parecido es el de los profesores cuya vocación oculta es el espectáculo, ya sea el teatro, el cine o la televisión. En el fondo quieren ser famosos y ejercer influencia social, aprovechando que ahora las redes sociales presentan un buen canal de comunicación. Confunden la tarima con el escenario y piensan que el profesor va a clase a actuar, en vez de a enseñar.

Pero eso es otra historia que abordaremos más adelante. Antes, quiero aclarar otro malentendido muy común.

6

No enseñamos todo lo que hay que saber

Una concepción errónea, pero muy extendida, es que en la universidad se enseña todo lo que hay que saber de una disciplina. Se supone que cuando acabas, digamos, el grado de Física, conoces toda la física que hay. Pero lo cierto es que, en cualquier campo, en una carrera no se muestra ni un 5% (número inventado) de todo lo que engloba esa ciencia.

¿Y cómo es posible que se pueda salir a trabajar por ahí si solo se ha visto un 5% de la materia? La razón es que los contenidos, en general, no son lo más importante de la formación universitaria. Los contenidos que da tiempo a transmitir en cuatro años de grado son importantes por sí mismos, sí, y suelen ser los esenciales, pero en realidad son solo un vehículo para transmitir una serie habilidades y competencias sin las cuales no se puede practicar bien esa disciplina.

Esas habilidades y competencias no se pueden aprender en el vacío, en abstracto. Necesitan un tema sobre el que apoyarse: ya sea la biología, la química, la física, la geografía, la ingeniería aeronáutica o la filología española.

Hay, no obstante, excepciones parciales. Existen carreras muy aplicadas en las que el cuerpo de conocimiento es crítico. La medicina es una. Un médico sale de la facultad sin experiencia, pero con una muy buena base y un conocimiento bastante profundo de alguna especialidad. Algo más que ese 5% que me he inventado antes. Luego, durante su residencia, ampliará ese porcentaje en un área muy concreta. Date cuenta de que el que ese periodo de especialización sea necesario para ser médico es un buen indicador de que los cuatro años de un grado se quedan cortos.

En este capítulo voy a usar de ejemplo una carrera que conozco bien: Geografía. En esa carrera uno no aprende, por ejemplo, toda la geografía de España, que además es cambiante. Uno aprende a saber mirar la geografía española con ojos de geógrafo.

El eje de la educación superior es la adquisición de competencias y habilidades para poder completar por uno mismo lo que no ha sido posible explicar durante la carrera. Una competencia es, por ejemplo, saber trabajar en grupo (el hecho de que se necesite enseñar a hacer esto demuestra lo difícil que es) o ser capaz de redactar un informe técnico. Otra, muy importante, es detectar fallos en algo que concierna a tu campo: identificar lo antes posible si alguien te está vendiendo una moto. Esto se hace a través de la construcción de estructuras mentales, algo que ofrece la universidad para tu formación intelectual y que no vas a encontrar en otro sitio.

En geografía, una habilidad concreta es manejar un sistema de información geográfica (SIG), pero no uno específico, como pueda ser el ArcGIS o el QGIS, sino *cualquiera*. Un geógrafo debería poder manejar con soltura cualquier SIG al cabo de unos pocos días de uso, en el mismo sentido que un piloto debe poder volar cualquier nuevo modelo de avión tras un pequeño curso especializado.

En Física, otra carrera que conozco bien, una competencia es tomar cualquier proceso que ocurra en la naturaleza, escribirlo en lenguaje matemático, aplicar las leyes relevantes al caso y, luego, extraer consecuencias de ese análisis para realizar predicciones.

En Derecho, supongo que será traducir a lenguaje jurídico lo que te cuenta atropelladamente un cliente o lo que ha escrito con sus palabras en 50 páginas, cometiendo errores de principiante en cada frase. La destreza es ser capaz de entender el caso, encajarlo en su marco jurídico y trasladar los intereses del cliente a diez páginas en un lenguaje que un juez pueda entender.

Y así con cada ciencia o disciplina académica, cada una de las cuales tiene su propio juego de competencias y habilidades, y su propia caja de herramientas para desarrollarlas.

Una queja habitual es que la universidad no forma para empezar a trabajar al día siguiente en *el mundo real*. Opina así el 90% de la población.

Es cierto. Pero es que tiene que ser así.

La universidad no forma operarios, sino profesionales. No se monta una estructura como esa, en la que trabajan especialistas internacionales en campos muy específicos, solo para satisfacer las demandas de un mercado laboral que nadie sabe cuál va a ser en el futuro y que, por otro lado, no está a la altura de las universidades. De hecho, lo que debería ocurrir es justamente lo inverso. Es la universidad la que debe construir el mercado laboral del futuro, formando a gente que cree carreras, trabajos y ocupaciones que aún no existen.

En el caso de los ambientólogos, uno no puede limitarse a enseñar el último SIG que emplean las consultoras y hacer pasar eso por educación superior. No se puede, en primer lugar, porque en cinco años ese programa estará desfasado y, en segundo lugar, porque el conocimiento universitario ha de ser general, de manera que habilite al estudiante para poder aprender en el futuro cualquier versión de esa herramienta. Si lo hacemos bien, si la formación es buena, el estudiante habrá comprendido los fundamentos de esos sistemas y será capaz de manejar cualquier programa que tenga delante. Pero eso será un subproducto de la verdadera educación universitaria.

Hay que darse cuenta también de una cosa cuando se critica que no enseñemos a manejar la última herramienta de moda. Si se enseñan los fundamentos, no se puede entrar en los detalles, porque las ciencias y las disciplinas son cada vez más amplias. Dedicar horas a ir a través del menú de un programa, o de los botones de una aplicación, es un gasto inútil de recursos, porque además es algo que uno puede hacer por sí mismo. Se le llama cacharrear, y es el comienzo de aprender a manejar algo muy bien, pasando de novicio a experto y de ahí a gurú.

Otra queja habitual es que nos centramos en la teoría y descuidamos la práctica. ¿Quién va a querer contratar a alguien que *solo conoce la teoría*? No es eso. En primer lugar, no es cierto. Enseñamos teoría, pero también práctica, aunque de una forma abierta. Sabemos que las empresas serias que contratan universitarios los forman en las técnicas específicas que necesitan para su actividad, técnicas que son diferentes en cada sector, lugar y compañía, porque son muy variadas. Tantas, que no cabrían ni en diez años de carrera. La calidad de la buena enseñanza universitaria consiste en que los alumnos que salgan de las facultades sean *capaces de aprender* bien eso que la empresa necesita. Que los puedan formar con rapidez y eficacia. Para eso, nosotros tenemos que formarlos bien en teoría y práctica, de manera que sepan aprender por sí mismos, pero es luego la empresa la que tiene que cubrir el último kilómetro de la carrera: la formación específica para el puesto.

El problema en España es que el 80% de las empresas del país son muy pequeñas: pymes que apenas pueden invertir en capacitación, muchas de ellas familiares, y cuyo afán es más sobrevivir al día a día que crecer y desarrollar un plan de futuro. No es el ecosistema más adecuado para integrar a gente muy preparada. El otro 20%, las empresas grandes, sí que tiene esa capacidad, y de hecho lo hacen. No hay quejas de que, por ejemplo, los ingenieros que salen hoy de las facultades salgan mal preparados o que no sepan hacer nada. Al contrario, son profesionales muy valorados a nivel internacional y participan en grandes proyectos en otros países.

En resumen, cuando se dice que la universidad no forma para el mercado se oculta que, en realidad, en el caso español, lo que sucede es que la mayor parte de las empresas no están preparadas para integrar a egresados con una formación de excelencia y con unas expectativas muy por encima de lo que la mayoría de las empresas les pueden ofrecer.

Empezando por los sueldos. Como dijo el presidente americano Joe Biden cuando algunos empresarios se le quejaron de que no encontraban gente: "Os voy a contar el secreto" —les dijo en voz baja—. "Pagadles más".

7

La metáfora de las cajas

He mencionado al principio que durante nueve años fui el decano de una facultad de ciencias. En ese tiempo, tuve que presidir las correspondientes graduaciones de fin de curso, lo que implicaba dar un breve discurso a los nuevos egresados y a sus familias.

Mi discurso variaba cada año en función de las circunstancias de cada curso, pero la base era siempre la misma. Lo llamo la metáfora de las cajas.

Va como sigue. La mente de un estudiante de primero de carrera está vacía. Él piensa que viene a la universidad a que se la llenemos con elementos que pertenecen a una disciplina concreta, pero eso no es del todo así. En realidad, viene a que lo ayudemos a construir una serie de cajas en las que él pueda luego meter todas las cosas que forman parte de la disciplina, y que son muchas más de las que él cree que existen cuando empieza. Tantas que no caben en su mente (ni en la de casi nadie).

Enlazando con el capítulo anterior, construimos la estructura y le mostramos dónde va ese 5% de la disciplina que nos da tiempo a contar. El otro 95%, el que no da tiempo en tan solo cuatro años, lo tiene que encajar luego él. Podrá hacerlo gracias a que nos ha visto a nosotros hacerlo, porque le hemos enseñado cómo se hace y porque ya tiene unas cajas donde meter cualquier cosa de ese campo.

Sin las cajas, y sin saber cómo se usan, uno está perdido, o comete errores de bulto, que es lo que le pasa a la gente que se acerca sin haber pasado por la universidad a un campo de conocimiento que le resulta nuevo. Los diletantes, o aficionados, piensan que lo importante es el conocimiento, pero este, sin conocer su encaje, suele ser inútil.

Hay que añadir aquí que casi todas las carreras funcionan así, y que sus "cajas" son muy parecidas, por lo que, si uno ha sido bien formado, resulta bastante sencillo pasarse de una ciencia a otra cercana. Lo que cuesta, en realidad, es montarse el sistema; rellenarlo es mucho más fácil. Para "tener bien amueblada la cabeza", hay que haber construido antes la casa y conocer en qué consiste amueblar.

Intentaré ser un poco más preciso con la metáfora de las cajas utilizando un ejemplo. El alumno que estudia geografía no va a la universidad a aprender dónde están todos los ríos del mundo, ni las capitales de todos los países. Esto, además de inútil, no responde a los contenidos de esa ciencia desde hace ya dos o tres siglos. Tampoco es que se le enseñen el 5% de los ríos y capitales y que tenga que aprender el resto por su cuenta. La geografía no es eso desde hace 2.000 años.

Lo que se pretende enseñar a un estudiante en esa carrera es, primero, en qué consiste la profesión que ha elegido. A qué se dedica un geógrafo, qué problemas soluciona, dónde puede trabajar, qué hace en el día a día y en qué ámbitos puede ser valioso lo que sabe hacer.

Después, se le enseña el fondo básico de la disciplina, lo que cualquiera que se diga geógrafo tiene que conocer independientemente de su especialización. Un geógrafo puede trabajar en un ayuntamiento haciendo planificación urbana, pero no puede ignorar que hay una corriente de chorro en la estratosfera o que la pirámide de población de los países en desarrollo tiene forma de pagoda, aunque ninguna de las dos cosas le sirva para nada en su trabajo actual. Conceptos como esos forman parte del dominio de la disciplina. Son saberes básicos, el "fondo de armario".

En la carrera se aprende también otra cosa clave. El lenguaje propio de la disciplina. Hay términos técnicos que no se usan en la vida corriente, como "sinclinal", y que se emplean en una ciencia concreta, como la geografía, para describir con precisión lo que hay sobre la Tierra. No podemos andar diciendo que "esa especie de montaña que sobresale y que tiene forma como de cuenco, con los bordes partidos, como si estuviera formada por capas de materiales plegados que se han ido rompiendo con la deformación del terreno". Decimos "sinclinal". Y así con cientos de términos.

Luego viene algo crucial en el aprendizaje: la estructura del conocimiento. El estudiante aprenderá que hay diferentes partes del territorio: montañas, ríos, bosques, vida, edificios, carreteras, infraestructuras o sectores productivos, así como relaciones mutuas entre ellos.

Un geógrafo, por seguir con el ejemplo, tiene que entender por qué los elementos del paisaje están donde están. Hay muchos casos que se estudian en esa carrera: ¿por qué no hay hayas en Galicia, pero sí robles? ¿Por qué llueve más en el norte de España? ¿Por qué hay que proteger las lagunas de Gallocanta o de Doñana? Aquí ya se entra en los detalles, en qué consiste cada "caja". Poco a poco, se va construyendo en qué consiste esa ciencia.

También hay otra parte del saber geográfico que consiste en predecir utilizando las herramientas que se han aprendido. Es la parte aplicada. Por ejemplo: ¿dónde hay que colocar un supermercado para ganar más dinero? ¿Qué autopista hay que construir para beneficiar al mayor número de personas y a la economía regional? ¿Qué hay que hacer para mitigar los efectos del calentamiento global en Andalucía?

En el último caso, se trata de un tema emergente que hace 20 años no se estudiaba, pero que cualquier geógrafo que haya sido bien formado debería estar capacitado para abordar, porque se le han ofrecido las herramientas para ello.

Hay muchas otras maneras de expresar mi idea de las cajas, que no es original ni se aplica solo a la enseñanza universitaria. Otros compañeros expresan la idea de diferenciar contenido y estructura diciendo que los profesores diseñamos una casa, ponemos los armarios y los muebles y ajustamos todas las instalaciones para poder vivir en ella, pero que la decoración y lo que va dentro de los armarios y los cajones es algo que tiene que escoger quien se vaya a vivir allí.

Otra forma más de decirlo es que durante la carrera construimos un coche y enseñamos a conducir, pero que luego es el alumno quien tienen que moverse con él para llegar a donde quiera.

Lo que de verdad importa del paso por la universidad es crear nuevos modelos y estructuras mentales. En la última reunión de mi colegio de primaria, la fiesta de su 50 aniversario, uno de mis antiguos profesores, don Octavio, me vino a decir lo mismo. Que los conocimientos concretos no eran lo más importante que ellos nos habían transmitido. Para él, la estructura y los valores lo eran más. Parece ser, pues, que la idea no se limita a la enseñanza universitaria.

8

El gran secreto

Este es el capítulo en el que te explico en detalle la técnica para estudiar bien. No quiero demorarlo más solo por darle emoción al libro, porque necesito que lo sepas cuanto antes para que puedas aprovecharte de ella.

El secreto de estudiar bien es simple: hay que leer todo, despacio, con atención y cuidado; concentrado, y varias veces.

Parece sencillo de hacer, o una trivialidad, pero la mayoría de los estudiantes no leen a un nivel experto universitario. Creen que saben hacerlo, quizá porque es algo que dan por supuesto. "Yo ya sé leer", dicen, riendo. Pero no es cierto. No son capaces de estar leyendo durante una hora seguida sin distraerse, ni de navegar entre las posibles trampas de un texto, vadeando los matices, ni de entender qué es lo que el autor *no* dice, algo que en ocasiones es tan importante como lo que ha escrito. No es raro encontrarse con egresados incapaces de pillar una ironía, completar una elipsis, calibrar las intenciones del autor o aplicar a su análisis el contexto en el que se escribió una obra. Como nos enseñó Borges, el *Quijote* no se lee igual escrito en 1605 por Cervantes que por *Pierre Menard* en 1939.

La mayoría de la gente aprende a leer antes de los cinco años (si aprendiste más tarde, no pasa nada; hay científicos estupendos a los que les pasó lo mismo), pero lo cierto es que aplicamos mal esa habilidad. La tendencia es a ir saltando de un sitio a otro, sin reflexionar en cada frase y sin enlazar unas oraciones con otras. Nos dejamos líneas enteras, o incluso párrafos; no hacemos el esfuerzo de entender todo lo que leemos, y al final, si la lectura es un poco compleja, acabas recordando que has quedado a las nueve con tus amigos mientras pasas la vista por el texto sin entenderlo.

Los textos no son como las imágenes, que no tienen un orden de lectura y en las que puedes obviar los detalles. Hay que leer seguido, y todo. A esto se le llama lectura lineal, y tiene muchas ventajas sobre la otra, la dispersa. La manera correcta de leer te saca de tu mundo y te mete en el del libro a través de una historia, de una narrativa, de algo que te engancha. En el caso de que el texto consista en apuntes o libros para aprender una asignatura, leer adecuadamente te la mete en la cabeza casi sin que te des cuenta.

Para leer bien, hay que estar concentrado. Con esto quiero decir con plena atención a lo que haces. La atención completa es un arma formidable que no todo el mundo ha tenido la suerte de poder usar. Créeme si te digo que si lo consigues, si eres capaz de prestar plena atención a lo que estás haciendo, habrá pocas tareas que se te resistan.

La atención plena suele requerir silencio. La capacidad de leer y enterarte de lo que lees rodeado de ruido, en un bar, por ejemplo, la poseen pocas personas. Lo normal, al menos al principio, es que necesites tranquilidad y que nada te distraiga. Si estás al tanto de si salta un mensaje de teléfono, o un correo electrónico, no lo vas a hacer bien. El rato de lectura ha de ser cerrado, salvo emergencias. No dejes de atender a los bomberos por acabar ese precioso poema de Whitman, pero tampoco pares porque suene el teléfono para decirte que tu amiga te ha mandado un WhatsApp. De hecho, si te pones a leer y tu máxima preocupación es cuándo llegará ese mensaje, también lo estás haciendo mal. Para leer bien, el texto tiene que ser, durante ese momento, lo más importante.

También tienes que tener paciencia. Hay pocas cosas complejas que se puedan lograr sin ese tercer componente.

El cuarto componente, por dártelo ya todo, es la disciplina. Para convertirte en un buen lector, tienes que dedicar un rato cada día a la lectura. Lo que se hace solo por descarte, o cuando estás con el humor adecuado, te convertirá en un buen aficionado, pero no en un maestro en el arte de leer, que es en lo que deberías haberte transformado al acabar la universidad.

Esto último quiere decir que si acabas la universidad sin haber leído un libro, habrás perdido cuatro años de tu vida. Tendrás un grado, pero es muy probable que pases a engrosar las listas de parados con un título que no entienden por qué no encuentran un empleo.

Si sigues estos consejos, poco a poco irás avanzando y cada vez te costará menos leer. Es un proceso acumulativo. Para alcanzar un nivel lectura de gurú, tienes que ir superando varias etapas. Son estas:

1. Leer.
2. Leer a buen ritmo.
3. Leer con atención.
4. Leer por completo.
5. Leer entre líneas.
6. Leer muy rápido, con atención, por completo y entre líneas.

Las dos primeras etapas de mi lista, leer y leer a buen ritmo, las tendrías que haber superado en la educación primaria. Las otras dos, leer con atención y por completo, en secundaria.

Vamos por partes. ¿Qué es leer por completo? Primero, se trata de leer todo lo que está escrito. No vale leer en diagonal, saltándose los trozos más complejos o los más aburridos. Los buenos libros están escritos para ser leídos de una manera concreta, la secuencial. El autor, al que le suponemos cierta destreza, lo ha establecido de una manera concreta, que es la que quiere que sigas, y eso es por algo.

Hay, por supuesto, libros de referencia, aquellos a los que recurres cuando necesitas una información específica. En este caso no es cuestión de leerse todo el libro, pero cuando encuentres lo que buscas, has de leer el fragmento que tengas que trabajar, ya sea este una página o un capítulo. Pero un libro como este se supone que sigue una estructura lineal, y que lo que se escribe antes es necesario para entender lo que viene después.

Para sacar con buenas notas primero de carrera, te vale con que llegues a la universidad con un nivel de lectura 4, el de ser capaz de leer algo por completo, sin perder la concentración y haciéndolo relativamente rápido.

El nivel 5 se suele desarrollar asimilando lo que lees, y no todo el mundo lo consigue de entrada, así que tampoco es necesario que te esfuerces. Curso a curso, irás progresando hasta él. Si lo alcanzas antes de acabar la carrera, fenomenal, pero si no, date tiempo. Al finalizar la universidad, sí que deberías haberlo alcanzado. Deberías ser capaz de leer no solo lo que pone en un texto, sino lo que no pone.

El sexto nivel, al que he llamado nivel gurú es solo para gente que lleva leyendo muchísimo desde hace mucho tiempo, y no está al alcance de cualquiera. Pero se puede adquirir. Se emplea para obras técnicas de ciencias sociales y humanidades, para ensayos y para la mayor parte de las novelas y libros de divulgación. Es menos aplicable a libros de ciencias y a manuales, y no se puede emplear para las obras en la que la forma de expresión sea un valor del texto, como la poesía y las novelas buenas. No sirve para disfrutar, por ejemplo, la excepcional novela de Luis Martín Santos *Tiempo de silencio*. Sirve para extraer información y llenar rápidamente tus cajas.

Haz autocrítica ¿Cuándo fue la última vez que te leíste un libro completo, de principio a fin? ¿Acostumbras a saltarte trozos o a que la mente vague mientras tu vista recorre los renglones? ¿Estás leyendo, y al rato te encuentras pensando en otra cosa y sin saber muy bien qué has leído? ¿Te saltas descripciones o párrafos que te parecen largos? En esos casos, lees mal. Y eso, para sacar una carrera, es una costumbre muy fea, un defecto que tienes que corregir enseguida.

Si decidieras seguir una regla para tu carrera, una sola, y fuera la de leer bien, es decir, tal y como te sugiero, tus resultados académicos mejorarían espectacularmente.

Para que un libro se pueda leer bien, tiene que estar bien escrito. Lamentablemente, todos los días se publican libros muy malos, de gente que no sabe escribir y que lo único que hace es apilar párrafo tras párrafo sin conectar unas partes con otras. Suele suceder entre aquellos que copian de aquí y de allá, procurando que no se note mucho de dónde han sacado las ideas ajenas. Para alguien que se dedica a esto, esos libros se identifican enseguida, con la misma facilidad con que puedes diferenciar un gato de una liebre, pero el público general, no tan avezado, sufre estos textos, y eso da mala imagen a los buenos.

¿Cómo se puede saber qué libros son buenos y cuáles malos?, solo hay una manera: leyendo mucho. Sucede como con las obras de arte. ¿Cómo se sabe si un cuadro es bueno o malo?: viendo cientos, o miles de ellos, en un museo (no valen reproducciones). El formato es un primer indicio de calidad. El siguiente nivel, más allá de lo formal, lo da el contenido. Distinguir el grano de la paja es, lo admito, difícil.

En la carrera leerás sobre todo libros técnicos. Los libros buenos de ese ramo están bien organizados y se leen con facilidad. Las frases se siguen unas a otras, los párrafos indican unidades de concepto, y la narrativa busca enganchar al lector para transmitirle una información con el menor esfuerzo posible por su parte. Incluso a veces se introducen anécdotas y chascarrillos que son como las especias en los guisos. No son estrictamente necesarias, pero ayudan a que la comida tenga gracia y no sea solo un alimento insípido. Ayudan a tragar y que no te aburras comiendo por la saturación de sabores o por la cantidad de alimento.

El estilo también cuenta. Sucede como con el excipiente de las medicinas: parece relleno, pero resulta imprescindible para recibir la dosis de lo que necesitas, la parte sustancial, la que hace efecto, de una forma que el cuerpo la pueda asimilar. Sin el excipiente, un medicamento te puede sentar mal. En literatura y ciencia pasa lo mismo. Para que las ideas lleguen a tu cerebro, necesitan hacerlo siguiendo un camino y envueltas en una sustancia aparentemente prescindible, pero que cumple la función de proteger a la esencia en su viaje hasta el núcleo del conocimiento.

Por supuesto también hay libros académicos muy malos, pero estos no suelen sobrevivir al paso del tiempo. Si un libro va por su décima edición y hay 20 ejemplares en la biblioteca universitaria, algo bueno tiene. Aunque puede suceder que solo tenga una edición y que aun así sea excelente, como te confirmará cualquier otro profesor que también tenga un libro con una única edición.

Los libros académicos no son tan fáciles de leer como las novelas o los libros de divulgación, por lo que es normal que tengas que volver muchas veces hacia atrás. Esto no lo debes ver como un problema tuyo, sino como algo natural. No es que seas lento o torpe. Es que es así. Hay párrafos que requieren más esfuerzo porque ofrecen mucha información nueva, porque hay que conectar esa información con otra ya sabida o porque utilizan palabras que aún te resultan poco familiares. A veces los autores utilizamos frases complejas porque se sabe que así vas a recordar mejor la información, a pesar del esfuerzo extra que suponen, o porque no hay una manera más sencilla de decir algo.

Hay un mandamiento muy conocido de los editores a los autores: no escribir frases de más de 30 palabras y, si es posible, que sean de menos de 17. No sé el porqué de estos números, supongo que alguien lo habrá estudiado, pero muchos de los que escribimos no lo cumplimos, y no por descuido, sino porque tenemos la esperanza de alcanzar a personas más inteligentes que la media. Un texto rico, que merezca la pena, puede exceder fácilmente ese límite, y conviene acostumbrarse a ello si se quiere acceder a algo más que lectura de marca blanca. Hay textos magníficos que cumplen con la norma, pero también otros muchos igual de buenos que se la saltan alegremente y que gracias a eso consiguen hacerte más inteligente.

Si quieres leer bien, ten paciencia. Como te digo, no pasa nada por tener que volver atrás para buscar qué significaba tal palabra o cómo se definía cual concepto. A veces los autores repetimos ideas para ayudarte a fijar nociones, pero en otras ocasiones eso no es posible y hay que condensar. No pasa tampoco nada si tienes que leer una frase dos o tres veces hasta entender lo que quiere decir. No tengas prisa en acabar de leer.

Leer no es una competición de velocidad. Deja eso para el último nivel, el sexto, y no lo fuerces. Si surge naturalmente, bien. Si no, no importa. Lo importante para estudiar y aprobar todo a la primera no es haber leído diez páginas en diez minutos, sino que hayas entendido todo lo que has leído.

No es necesario —y esto es importante subrayarlo— que te acuerdes de todo lo que has leído. De hecho, lo habitual será que después de leer por primera vez algo, al rato se te olvide. A veces viene a verme algún alumno desesperado con esto porque cree que no avanza. Le respondo que es normal. Y que tiene arreglo.

El truco para solucionar ese problema es releer y hacerlo más despacio. Frase a frase si hace falta. Sin ninguna prisa. Como si tuvieras todo el tiempo del mundo. Haciéndolo, la información se te irá quedando y aprenderás. Cuando leas algo varias veces más, ya no se te olvidará con tanta facilidad.

Leer con eficacia es como entrenar un deporte. Lo que cuenta es la repetición. El proceso es algo así. La segunda o tercera vez que leas algo que has leído con atención la primera vez, te resultará mucho más fácil. Seguirás sin retener toda la información, pero leerás con más fluidez. Como ya sabrás qué significa cada palabra, no tendrás que buscarla, aunque es posible que no te acuerdes y tengas que repetir la búsqueda. Si ese fuera el caso, no pasa nada, vuelve hacia atrás. Tienes muchas asignaturas y muchas cosas en la cabeza. Es normal.

La cuarta o la quinta vez que leas un párrafo o un capítulo te ocurrirá algo nuevo. Empezarás a adelantarte a lo que lees, porque recordarás lo que viene a continuación. Ese punto es el principio del estudio. Es ahí cuando estás empezando a aprender, cuando ya sabes lo que sigue.

Si no sabías esta clave del aprendizaje, acabas de amortizar con creces el coste de este libro, porque es una información que, bien utilizada, va a ser muy importante en tu vida de estudiante. El tipo de conocimiento que marca la diferencia entre sacar con solvencia una carrera o fracasar.

Si practicas esto de leer bien, tranquilo y concentrado, de forma regular, tu aprendizaje se convertirá en un proceso natural. Al cabo de un tiempo, lo único que tendrás que hacer es esforzarte en leer con concentración una y otra vez. Ponerte a estudiar será como entrenar.

Compáralo, de nuevo, con hacer pesas en el gimnasio. Sabes que lo que va a suceder es que al cabo de hacer 100 series, tu cuerpo empezará a cambiar. No tienes que estar pensando por cada levantamiento en hacer crecer tus músculos y frustrarte si no ves cómo va engordando tu bíceps. Tú sabes que lo único que tienes que hacer para esculpir tu cuerpo es repetir lo mismo muchas veces. En algún momento intermedio te darás cuenta de que estás progresando, pero para llegar a eso, hay que continuar con el entrenamiento, sin parar.

Con el cerebro pasa algo parecido. No tienes que leer queriendo acordarte de lo que lees, y frustrándote si no lo consigues, sino que tienes que leer sin pensar en otra cosa que en lo que estás leyendo, hacerlo despacio y sin saltarte cosas, y volver atrás las veces que hagan falta hasta entenderlo en su totalidad.

Al igual que al hacer pesas tienes que levantarlas correctamente para que sirvan de algo, para que te aproveche la lectura, tienes que leer bien. No tienes que fijarte tanto en la postura, como en el gimnasio, sino en evitar las distracciones. Imagina que buscaras un atajo para que te costara menos hacer pesas. Te engañarías a ti mismo. Aquí sucede lo mismo. No vas a aprender por pasar páginas a toda velocidad. La lectura tiene que hacerse con concentración.

El número de veces que tengas que repetir este proceso de leer una y otra vez una página (a eso lo llamamos iterar) depende de tus condiciones. Es igual que con el deporte. Cada persona necesita un número diferente de repeticiones en función de su estado inicial. Hay personas que con leer algo una vez ya lo recuerdan, pero no es lo normal. Lo habitual es tener que releer muchas veces lo mismo.

A veces los autores te ayudan en este proceso haciendo girar todo un capítulo alrededor de la misma idea y aportando matices en cada vuelta para que el texto no resulte monótono. Es lo que estoy haciendo en este, que leído de manera rápida te puede parecer que es repetitivo. Pero si vas despacio, encontrarás diferentes gamas que contribuyen a que no olvides el tema clave: la repetición es la clave del estudio.

Todos somos más o menos vagos. Es un hecho que tendemos a seguir la ley del mínimo esfuerzo (o como decimos los físicos, el hamiltoniano). Y leer cuesta, eso es cierto. Tardamos un montón de años en hacerlo bien desde que empezamos de niños. Hay que conocer palabras, ver cómo se conectan, adivinar el sentido si no sabemos qué significa algo, guardar las frases anteriores en la cabeza para entender los párrafos y después las páginas… Al principio es difícil, pero con el tiempo se vuelve tan automático como montar en bicicleta o andar, dos cosas que al principio te costó aprender, pero que hoy dominas.

Puede parecer una obviedad decirlo, y otra repetición innecesaria, pero recuerda que para leer concentrado, hay que buscar un lugar tranquilo. Al menos cuando estás aprendiendo. Luego ya, cuando domines el arte, podrás leer en un bar. Pero al principio, hazlo en un lugar silencioso en todos los sentidos. Si tienes el navegador abierto y el correo o las diferentes redes sociales te están interrumpiendo constantemente, será difícil que te concentres, salvo que ya tengas mucha experiencia en este arte.

El ruido afecta a tu aprendizaje. Acostumbrarte al silencio e incluso disfrutarlo es un paso crítico para mejorar tu productividad. Estudiar con música puede parecerte una manera de sobrellevar mejor el trance, pero es un error. Aunque creas que no afecta a tu capacidad de concentración, lo hace. Da igual que la música sea suave. Las tareas monótonas o repetitivas, del tipo maquetar un escrito, sí que las puedes hacer con música, pero las que requieran un aprendizaje especializado es mejor que se lleven a cabo sin ella.

Leer es una actividad a la que deberías asignarle un lugar en tu agenda. Hay que dedicarle un tiempo a la lectura, solo para la lectura. No tienen por qué ser tres horas. Es mejor dedicarle solo diez minutos a leer concentrado que dos horas en las que estés haciendo otras cosas al mismo tiempo. Si te cuesta mucho leer media hora seguida, lee diez minutos, levántate o haz otra cosa durante cinco y luego vuelve a leer concentrado otros diez. Poco a poco, esos diez minutos se irán haciendo más largos.

¿Estoy haciendo demasiado énfasis en la lectura? No creo. Aprender a leer es ya de por sí un milagro. Hoy, el 99% de la población puede hacerlo, mientras que hace 300 años era al revés: el 99% no sabía. Es algo que aprendemos cuando somos muy niños, y enseguida nos parece natural, pero no es un proceso en absoluto trivial ni que requiera poco esfuerzo. Aprender a leer de adulto es una pequeña proeza.

Saber interpretar un texto como este y que la información pase desde el autor hasta el lector es uno de esos procesos mágicos que damos por sentados. Nótese que no hay nada parecido en el mundo animal. Un chimpancé, por poner un ejemplo de un animal inteligente, no tiene manera de saber qué pensaban los chimpancés de la época de sus abuelos, y es posible que ni siquiera tenga la capacidad de hacerse esa pregunta. Pero los humanos podemos saber lo que pensaba sobre la guerra, la amistad o el amor no solo un griego de hace 3.000 años, sino muchas otras personas después de él.

Hasta hace poco, la manera principal de transmitir ese conocimiento era a través de los libros. Después hemos inventado internet, que es una forma diferente de organizar todo lo que hemos aprendido y que tiene la ventaja de que podemos acceder a ella desde casi cualquier sitio. Pero aún hoy, una biblioteca, o una colección de libros, si se quiere, es una joya a la que no damos el valor que merece, quizá por lo acostumbrados que estamos a su existencia.

Una nota final, y ya acabo con el capítulo de la lectura, es algo que me dijo uno de los primeros lectores de este libro, un vicerrector. Me dijo que en algunas carreras, como las ingenierías o medicina, con leer no basta. Hay que hacer problemas, trabajos y simulaciones, y para ello es casi imprescindible la guía de un profesor.

Es cierto. En muchas carreras la misión del docente no es solo proporcionar una lista bibliográfica y que el estudiante se apañe. Es bastante más que eso, y ahí se suele apreciar la ventaja de ir a clase y tratar todos los días con alguien que te puede ir acompañando respecto a la alternativa de estudiar por tu cuenta o a distancia. De hecho, eso puede ser un buen criterio a la hora de elegir qué carrera estudiar. Escoge una para la que haga falta un profesor.

9

Disfruta de los avances técnicos

Cuando yo empecé la carrera, no había internet en las casas y ni siquiera teléfonos móviles. Para leer un libro, había que ir a la biblioteca, buscar en un fichero precioso de cajitas de madera, rellenar una petición en una tarjeta y dársela a una persona encargada de custodiar los fondos para que, al cabo de un rato, te lo trajera. Si querías leer un artículo científico, tenías que ir a buscar la revista y fotocopiarlo; y eso si tenías la suerte de que esa revista se recibía en tu universidad. Si no, tenías que hacer un viaje a otra ciudad o pedirlo por correo.

Cuando empecé el doctorado, a finales del siglo pasado, se empezaba a generalizar internet, pero a velocidades muy lentas y en un ambiente universitario. Solo te daban una cuenta de correo electrónico si la pedías y justificando para qué. En casa, muy pocos tenían un módem, que era un aparato que conectado a la línea de teléfono servía para enviar paquetes de datos a 56 k por segundo. Caro e ineficaz.

El primer artículo científico que envié a una revista iba impreso en papel y fue enviado por correo ordinario y los evaluadores me devolvieron sus comentarios de la misma manera.

Afortunadamente, todo aquello ha cambiado y hoy la información es accesible al instante. Las universidades tienen acuerdos con las editoriales y puedes leer casi lo que quieras desde tu ordenador. Gran parte de los archivos están digitalizados y se pueden consultar documentos desde casa. Hay miles de libros técnicos gratis en la red y cientos de miles de vídeos en los que alguien te explica algo que se supone que sabe. Todo ello es una enorme ventaja para estudiar.

La forma de aprender y trabajar académicamente no puede ser la misma ahora que cuando seguíamos con esas herramientas y en aquellas condiciones que hoy nos parecen primitivas.

Pero para emplear bien estos recursos, tienes que ser ordenado. Antes, el problema era la falta de información. Hoy, el problema es el exceso. Es fácil perderse sin una guía fiable. Te puedes pasar dos días buscando en internet sobre un tema y al final estar tan confundido como cuando empezaste. ¿Cómo es eso posible? ¿Se puede evitar?

Hacer esquemas es una habilidad básica para aprovecharse de la información con la que te vas a encontrar. Un esquema es una forma de comprimir y destilar un texto largo en unidades que te quepan en la cabeza. Si lo haces bien, bastará con que te digan "momento lineal" para que se disparen un montón de resortes dentro de tu cerebro. No se trata, como se dice a veces, de que sean una ayuda para memorizar. En las carreras, en general, hay poco que memorizar adrede: las cosas se quedan en tu cerebro a fuerza de usarlas todo el rato.

Los esquemas lo que hacen es engarzar la información, creando una estructura que permanece una vez que has hecho el examen. Siguiendo con el símil de las cajas de hace dos capítulos, hacer esquemas es hacer una lista de las cajas que has ido descubriendo.

Hay gente que se refiere a esto como un proceso de "organizar el sistema de ficheros" del ordenador. Esta comparación es muy adecuada. Digamos que cuando acabes la carrera, lo más importante va a ser no solo las cajas, sino también tu árbol de directorios, el sistema de carpetas que se enlazan unas a otras. Los ficheros, los contenidos, se te olvidarán, pero el árbol no. Este permanece ahí durante mucho tiempo, listo para que añadas más documentos en cada carpeta. Tampoco se olvida algo crucial: saber construir el árbol, darle la estructura concreta que requiere el conocimiento con el que estás trabajando.

Estudiar mal se parece a la costumbre de dejarlo todo amontonado en el escritorio, sin ningún orden, confiando en encontrarlo con el buscador. Es una mala manera de trabajar, en primer lugar, porque no es escalable: llega un momento en que el escritorio se llena. Y, en segundo lugar, porque no te permite apreciar la estructura y los patrones de la información, lo que te conduce a un estado continuo de confusión y a pensar que, en realidad, no sabes nada. Desde luego, ya te digo que si todos tus archivos están en el escritorio, es muy probable que te conviertas en alguien con dificultades para que te contraten. Quizá seas un empresario de éxito si eres así y te lo montas por tu cuenta, pero te costará convencer a alguien para que te fiche en una organización compleja.

En esto, como en todo, hay excepciones, y encontrarás gente extremadamente buena que vive felizmente en su caos. Personas que pueden funcionar con montañas de papeles sobre la mesa o con el escritorio saturado de iconos y las estanterías a rebosar. Hay incluso películas sobre ellas. Pero son casos raros. Expertos en lo suyo que siguen otros patrones mentales. Para la mayoría de la gente lo que funciona es el orden.

Date cuenta de que si hacen películas sobre ellos es porque son casos excepcionales. No hay muchas gestas sobre gente normal haciendo cosas normales en una época normal, aunque eso sea la vida corriente de la mayoría de nosotros.

10

Cómo aprobar todas las asignaturas

Este capítulo es el que suele interesar más a los estudiantes. Si has llegado hasta aquí sin leer lo anterior, te equivocas de enfoque. Como he dicho arriba, los libros están diseñados para ser leídos de manera lineal.

Lee bien la guía docente de la asignatura para saber lo que se te va a exigir. La evaluación en la universidad ha cambiado mucho y a mejor. La guía docente contiene todo lo relevante al respecto de la docencia. Es un documento relativamente nuevo que viene a ser un contrato entre la universidad y el estudiante. En las universidades que se preocupan por la calidad de la docencia es obligatorio hacerla. La escribe el profesor, pero pasa por una serie de filtros antes de aprobarse, y una vez que está publicada, es inamovible. En nuestros días es difícil que un profesor sea arbitrario poniendo notas. Hay baremos públicos, criterios y una descripción precisa de lo que se exige. Y por escrito. En la guía electrónica está escrito todo lo que hay que hacer para aprobar la asignatura, así que léela con atención, porque los matices son importantes. No es lo mismo un "podrá" que un "tendrá", ni un "debería" que un "deberá". Pero si ves alguna diferencia importante entre lo que aparece escrito y lo que hace el profesor, protesta.

Lleva el curso al día haciendo las entregas a tiempo. La época en que te lo jugabas todo a un examen ya pasó. Hoy hay que juntar multitud de trocitos evaluables y, generalmente, aprobar cada parte para superar una asignatura. Esto tiene la ventaja de que sabes lo que hay que hacer y que no te lo juegas todo a una carta. La desventaja es el riesgo que se corre de pasarse el curso haciendo trabajos y que los profesores no tengan en cuenta el trabajo global a la hora de evaluar y se baje la nota media. Algunos profesores viven en aquel mundo felizmente pasado en que se pensaba que el diez era para los estudiantes que sabían más que el profesor, lo cual en mi opinión era y es una práctica defectuosa.

Contesta a lo que te preguntan. Si la pregunta es "¿sabes qué hora es?", la respuesta correcta no es "las nueve y media". La respuesta correcta es "sí, lo sé". Esto puede parecer exagerado, pero te encontrarás con profesores que corrigen así. Quizá podrías contestar "sí, lo sé; son las nueve y media", y tal vez al profesor le parezca bien, pero en ese caso tal vez tengas que solicitar una revisión si el profesor es de los especiales. Es mejor que, en general, te atengas a contestar lo que te preguntan, aunque sin excederse en lo de ser escueto. Pero te advierto que también puede que tengas que pedir una revisión si contestas lo que he escrito arriba.

Contesta en orden y organiza bien tus respuestas en los exámenes. La forma es importante. Un examen desordenado, que hay que leer a saltos, con preguntas contestadas en otro orden que en el que vienen, da mala imagen. Da igual si el profesor te dice que no importa en qué orden contestes. En el fondo de su cabeza hay algo que le predispondrá favorablemente si le evitas el trabajo de comprobar si has contestado a todo. Lo mismo con la organización de las respuestas. Cuanto más claro seas respondiendo, más se notará que sabes de qué hablas. No tengas miedo al blanco. Usa sangrías para hacer más cómoda la lectura, y párrafos. Si tienes que escribir ecuaciones, ponlas en una única línea y explica lo que es cada cosa.

Además de estos consejos, te puedo dar también otros un poco más maquiavélicos.

Entérate cuanto antes de las manías de cada profesor. Hay profesores que te suspenderán un examen de física si no recuerdas algo tan tonto como poner una flecha a los vectores, y otros a los que les dan igual esos detalles. Unos querrán la respuesta exacta a un problema y otros mirarán más el desarrollo que te lleva a la solución. Los hay que prefieren respuestas literales a definiciones y otros que buscan algo más personal, aunque no sea tan preciso como lo que está escrito en los libros. Hay profesores que valoran el conformismo y otros, la originalidad. Y todo esto depende mucho del tipo de carrera que estés cursando. Entonces —dirás—, ¿qué hago? Lo que tienes que hacer es enterarte bien de cuáles son las peculiaridades de cada profesor y procurar adaptarte a ellas, al igual que te adaptas a las manías de la gente con la que tratas fuera de la universidad. La vida es así. Y para enterarte de todo esto, conviene ir a clase.

No dejes nada en blanco en un examen. Si contestar mal no penaliza, escribe algo. Si no hay nada escrito, el profesor solo puede ponerte un cero, pero si hay algo, aunque sea un enredo tuyo, siempre puedes aspirar a que te sume puntos, aunque sea por aburrimiento. Pero si ya has puesto algo que crees que es correcto, no es necesario que añadas contenido irrelevante o que no viene al caso. No sea que estropees lo que estaba bien y el profesor se dé cuenta de que no tienes ni idea. Mejor ser escueto y poner solo lo que sabes que incluir una respuesta contradictoria que demuestre tu confusión o ignorancia. La regla de enredar solo se aplica como alternativa a dejar una pregunta en blanco.

Esmérate en una buena caligrafía. Un texto enmarañado predispone mal al que lo lee. Un texto con buena letra influye favorablemente en el inconsciente del profesor. Esto es inevitable. Los profesores somos humanos. Si tienes una letra horrible, acude a las revisiones, porque es probable que te hayan puntuado por debajo sin querer.

El libro del profesor es clave. Hay profesores que han escrito un libro para su asignatura. Es un tesoro para aprobar, porque a poco sagaz que seas, encontrarás en él exactamente lo que el profesor quiere que sepas y, leyéndolo con cuidado, descubrirás sus manías: las cosas que no soporta (que te olvides de poner flecha a los vectores, por ejemplo) o aquello a lo que da mucha importancia (que suele coincidir con la parte en la que el profesor es más experto).

El último consejo que te voy a dar es especialmente malvado, pero no me resisto. Sé que esto puede sonar confuso después de haber intentado convencerte de que hay que aprender, y que puede sonar poco serio, pero ahí va.

Si no sabes nada de nada, intenta confundir al profesor. Habrá muchas veces que te pillará, pero otras no. No sobreestimes la capacidad de atención de un profesor después de leer 50 exámenes de diez hojas. Pero incluso si está fresco y se da cuenta de que has producido un engendro, quizá piense que no has entendido bien las preguntas y se imponga la natural benevolencia del docente (si es que lo que has escrito tiene algún sentido). También puede suceder que el profesor esté ya harto de corregir y se le pase, o que le hayan dicho desde el decanato que aprueba poco y que esa mala costumbre puede afectar a sus complementos salariales, en cuyo caso es muy probable que —de ser el profesor nuevo y no saber aún que eso nunca ha sucedido— busque desesperadamente a alguien a quien salvar.

Este puede parecerte un consejo contradictorio con lo dicho hasta ahora, que giraba alrededor de la importancia de aprender. A uno de los compañeros que se leyeron el manuscrito se lo pareció y por eso lo aclaro. Estudiar es una cosa muy seria. Lo sé. Pero esto de arriba, las recetas maquiavélicas, te lo tienes que tomar más como una información sobre lo que los profesores ya sabemos al respecto de las estrategias de los estudiantes que como algo que te pueda funcionar. Algunas veces puede que lo haga, pero lo que siempre sirve, lo que realmente funciona para aprovechar todas las asignaturas es leer de la forma que te he explicado arriba. Es decir, estudiar.

Para aprobar tienes que saber algo de la materia. Ir al examen sin saber ni de qué va la asignatura es una pérdida de tiempo para todos.

El consejo quizá más eficaz para aprender, no solo para aprobar, es ir a clase y tomar apuntes. El proceso de aprendizaje se multiplica si haces eso. El manual del profesor está muy bien como sitio al que volver para consultar una duda, pero el hecho de ir y tomar apuntes ayuda a asentar los conocimientos y habilidades más importantes. Tomar apuntes también es un arte y además es una costumbre que ayuda a mantener la concentración.

Hay otra cosa que te tengo que decir en este capítulo, y que es importante, esta vez para tu futuro profesional: aprobar sin más, es inútil.

Buscando sacar cincos raspados, no te vas a formar bien. Hoy tener un título ya no significa nada. Sacar la carrera a base de aprobados, con pocos notables y sobresalientes a menudo significa que has estado vivo durante los años que te has matriculado en la carrera, pero no que seas especialmente bueno. Y esto los empleadores lo saben. Muchos te dirán que nunca les han pedido el expediente para entrar a trabajar, pero eso solo quiere decir que tienen empleos de algo en lo que su formación ni siquiera importa.

Hay veces que las calificaciones bajas se deben a que te has visto obligado a trabajar mientras estudiabas o a que has tenido que afrontar algún problema de salud. En esos casos, lo que tienes que hacer es explicarlo, pero sin exagerar los hechos objetivos. La mayoría de la gente será sensible al tema y valorará mejor tu expediente. Pero si no tienes una muy buena razón para un bajo rendimiento y te limitas a quejarte de lo dura que es la vida, eso no te ayudará a conseguir un buen trabajo. Tendrás un trabajo, porque estadísticamente tener una carrera es un pasaporte directo al mercado de trabajo, pero quizá no sea el que tú soñabas.

El título, lo repito, es un trámite. Antes, cuando solo una minoría de clase media y alta podía permitirse estudiar, era diferente, porque el país estaba creciendo rápido y había más demanda de titulados que oferta, por lo que todo el mundo encontraba un trabajo generalmente bien pagado y en lo suyo. Pero hoy las cosas han cambiado. No obstante, aún hay estudiantes que piensan que van a conseguir un buen trabajo por tener un papel firmado por el decano en el que se certifica que son licenciados o egresados: error.

Ese papel, tu título de grado, es como el pasaporte: lo necesitas para cruzar la frontera, pero nada más. No te da ningún derecho extra en tu nuevo país del mercado de trabajo. En tu vida profesional vas a tener que demostrar que has aprendido algo útil. Y no me refiero solo a conocimientos, sino a habilidades. Si no te acuerdas de la masa atómica del oxígeno, lo puedes buscar con facilidad en internet, eso ya no es imprescindible saberlo (lo que no quiere decir que sea inútil), pero es mucho más importante saber para qué sirve conocer la masa atómica del oxígeno.

Si eres ambientólogo y no te acuerdas de la Ley 8/90, de 4 de agosto, no pasada nada, la puedes buscar. Pero si no sabes redactar de manera convincente un recurso contra una explotación agraria que puede afectar a un parque nacional, estarás perdido.

Para acabar, debo advertirte que ser la persona más brillante de tu promoción tampoco te garantiza nada. Puede que tu carácter no sea adecuado para trabajar en grupo, que no se te considere de fiar porque alguien ha ido lanzando infundios o que simplemente tengas mala prensa porque tiendes a decir lo que piensas, y eso es algo que, como te vengo avisando, no gusta a nadie. También puede suceder que, como en el cuento del patito feo, resulte que estás por accidente en un lugar en el que no se valora la elegancia de los cisnes. El que acabes teniendo éxito va a depender no solo de tus capacidades intelectuales, sino también de tu buen encaje en donde hayas caído. Y eso, en muchas ocasiones, más de las que crees, dependerá de la suerte. En relación con esta desafortunada circunstancia, lo único que puedes hacer es recordar lo que dice Virgilio en la *Eneida*: "Fortuna audaces iuvat". La suerte ayuda a los audaces.

11

Problemas personales y familiares

A veces las circunstancias son las que son, y una enfermedad o una mala situación económica familiar te pueden alejar de tu objetivo de sacar una carrera. En esos casos, no desesperes. En muchas ocasiones tiene arreglo.

En otras, no. No te voy a engañar. Pero a menudo es solo cuestión de tiempo poder retomar tu interés en dominar las habilidades que te proporciona cursar una carrera superior. No pasa nada por sacarse la carrera en más años que los que dice el plan de estudios. De hecho, el ir a curso por año es cada vez menos importante y con el tiempo se convertirá en un factor más de tu vida. Cuando tengas 50 años ni te acordarás de cuánto tardaste en acabar.

Si tienes un problema personal o familiar grave, procura pensar con claridad. Es difícil hacerlo en situaciones complicadas, pero inténtalo. Las carencias materiales y afectivas generan una merma de lo que se llama tu ancho de banda mental, y es seguro que no estarás al 100% de tu capacidad. Pero sabiendo esto, que tendrás que hacer un esfuerzo extra para pensar claro, te será más fácil entender lo que te está pasando y por qué no ves soluciones. Lo que te puedo decir es que las hay, aunque te cueste verlas.

Si ves que no puedes más, pide ayuda. España es uno de los países más solidarios y acogedores del mundo, y encontrarás a personas dispuestas a ayudarte. Lo que a ti te parece una matrícula inasumible puede ser un pequeño gasto para una pareja sin hijos o para un profesor jubilado. Y hay más gente de la que crees que te echará una mano, incluso aunque no pueda. Como afirma Khalil Gibran, "la generosidad no consiste en dar a otro lo que necesita más que tú, sino en darle lo que tú necesitas más que él".

Encontrarás gente cuya ayuda esté condicionada a que compartas sus ideales o a que tu forma de vida sea como la suya, pero habrá otra a la que eso le dé igual. Lo único cierto es que si nadie conoce tu necesidad, será difícil que pueda simpatizar contigo y tu circunstancia. No hay nada deshonroso en pedir si de verdad se necesita. Al contrario, no hacerlo denota un orgullo mal entendido. No te dé apuro aceptar ayuda.

Ser desagradecido no es un buen rasgo de la personalidad, pero evita adquirir compromisos excesivos a cambio de ayuda. Hay personas que ven sus ofrecimientos como una forma de crearte dependencia o de generar una deuda. Ten cuidado. Es cierto que la mayoría de la gente esperará algún tipo de reconocimiento a cambio de un favor, aunque solo sean unas palabras amables por tu parte, pero también encontrarás a otros a los que eso les dé exactamente igual y que te ayudarán porque sí.

La formación de calidad es la mejor manera de ascender socialmente, así que es vital que no te rindas. Los profesores conocemos las dificultades que entraña estudiar. Es un esfuerzo económico importante si se tiene poco dinero. Las becas para estudiar son, por lo general, insuficientes. Pueden dar para cubrir el coste de la matrícula (muy bajo en España), pero a veces eso no basta para poder estudiar.

Una familia humilde necesita que todos sus miembros ingresen dinero cuanto antes y no puede permitirse riesgos. Cualquier malabarismo se tiene que hacer sin red, algo que no sucede en las familias con recursos. Si tus padres te pueden pagar los estudios, puedes permitirte el lujo de tomarte un año después del instituto para pensar bien qué estudiar o puedes cambiarte de carrera varias veces antes de dar con la tuya, o incluso puedes no estudiar y dedicarte a administrar el patrimonio familiar o encargarte de un negocio. Todo eso está vedado a los que solo tienen la posibilidad de disparar una flecha que tiene que ir dando todo el rato en la diana.

Este contexto que describo es conocido por la mayoría de los profesores y lo tenemos en cuenta.

Voy a compartir contigo una experiencia personal. Unos meses antes de acabar este libro se celebró el 50 aniversario del colegio en el que recibí la educación general básica. Pasé allí desde los 5 hasta los 14 años, ocho largos cursos en los que pusieron las bases de casi todo lo que sé hoy. El evento, las bodas de oro, coincidió con el 50 cumpleaños de mi promoción, así que era una celebración especialmente interesante para los de mi cohorte, y nos juntamos unos cuantos. En aquella época éramos 45 niños en cada clase, y había un grupo A y un B. En total, 90 señores (todos varones) de 50 años.

Mi colegio estaba en un sitio muy humilde, un suburbio marginal en la parte más lejana de un barrio al otro lado de la vía del tren. Haciendo recuento de a lo que nos habíamos dedicado los compañeros y recopilando lo que sabíamos de los que no estaban (hoy las redes sociales permiten seguir en contacto), nos dimos cuenta de la dificultad para obtener una educación universitaria. Muy pocos, menos del 10%, lo habíamos conseguido. La mayoría del resto se ganaba la vida muy bien, pero no había logrado pasar del instituto.

Me sorprendió que otro de los niños más listos de la clase se hubiera tenido que contentar con una carrera técnica. Además de un gran deportista era muy trabajador. Un chico sano, un líder nato. Pero su padre murió cuando teníamos 7 años, y aunque hizo todo lo posible para esforzarse, simplemente no se pudo beneficiar de un escenario favorable para sacar una ingeniería superior. Tuvo que bajar un pequeño escalón y conformarse con un poco menos. No le fue mal después, en su vida adulta. Vive bien y parece muy feliz, pero creo que habría sido un gran catedrático de ingeniería, director de investigación de una multinacional o consultor jefe. Los azares y la necesidad de no cometer ningún error en cada paso nos dejaron a los demás sin los frutos de una mente privilegiada y de una enorme capacidad de trabajo.

12

Trata bien a tus compañeros

Es posible que cuando estés haciendo la carrera te lleves mal con algunos de tus compañeros. A veces pasa. En los trabajos en grupo, o en la vida de estudiante universitario, siempre hay gente que se aprovecha del trabajo ajeno, que no comparte o que simplemente te trata mal porque no conoce otra manera mejor de descargar sus frustraciones. Pero debes saber que con el tiempo recodarás con cierto cariño a tus antiguos compañeros, porque el cerebro tiende a olvidarse de lo malo. Es una estrategia evolutiva.

Comentaba arriba el 50 aniversario de mi colegio. En aquella reunión coincidimos con gente que había dejado una huella profunda en nuestra memoria y con otros que pasaron tan desapercibidos que tuvimos que identificarlos por la orla. Allí estábamos los empollones y los abusones, los niños que lloraban cada tarde y a los que los esperaban a la salida del colegio. Pero después de 35 años, pocos se acordaban de aquello. Las víctimas tenían una vaga noción de que no habían sido años agradables, pero se acordaban más de otras cosas. Y los verdugos lo habían borrado por completo de su memoria. Su experiencia escolar era muy diferente, más centrada en su mala relación con los profesores.

Si no hubiera sido porque hacía unos años yo había escrito una novela titulada *Unos críos*, muchos de los episodios de abuso se habrían olvidado. El libro es en realidad una elaborada metáfora sobre la evolución política española desde la Segunda República, pero utilicé —como materia prima, no de forma directa— algunas de aquellas escenas para hacer avanzar la trama. Lo interesante es que mis compañeros me confesaron que solo recordaron lo que había pasado en el colegio al leerlo en mi novela. Tanto unos como otros lo habían olvidado.

Quiero aclarar que el que sea algo que se olvide con el tiempo no quiere decir que debamos pasarlo por alto. El acoso escolar es una lacra social que puede derivar en tragedias. En la universidad es menos común, aunque también he visto casos. En concreto, uno en el que tuve que actuar como decano porque dos estudiantes llevaban un tiempo haciendo la vida difícil a otra. Pero la forma de vida en la universidad permite que sean excepciones.

Procura ser especialmente sensible con tus compañeras. Esto que voy a decir puede ser controvertido, pero intenta ver el mundo con perspectiva de género. El término ha sido tan abusado que es difícil no meterse en un charco al tratarlo, pero lo intentaré. No sé cómo interpretarán otros ese concepto, pero tal y como yo lo veo, en este contexto de las clases de la universidad, quiere decir que te des cuenta de que, bajo las mismas condiciones socioeconómicas, a tu mismo nivel, tus compañeras sufren una carga extra, un pesado fardo, del que tú no eres consciente.

Si eres un chico, a ti nadie te habrá dicho barbaridades cuando pasas enfrente de una obra, seguramente no tienes miedo de volver a casa tarde por la noche y no se espera de ti que presentes un cierto aspecto físico consonante con una norma social aceptada. Tampoco será tu experiencia que si vas con otra persona se dirijan a ella en vez de a ti, o que te intenten explicar cosas todo el rato. Todo eso quita mucho tiempo y reduce aún más el "ancho de banda" mental del que hablaba en el capítulo anterior. Si añades a la carga de la falta de recursos la de ser mujer, entonces la cosa se puede complicar mucho. Lo dicho: sé sensible a algo que, como no forma parte de tu día a día, te puede resultar bastante invisible.

La universidad no es el colegio ni el instituto. Ahora sois todos chicos y chicas adultos. Procura hacer amigos durante esta etapa de tu vida. Aunque no lo creas, todos sois muy parecidos. Si estáis juntos en una clase concreta de una carrera específica de una universidad determinada es muy probable que hayáis tenido vidas pasadas con puntos en común y que vuestras trayectorias futuras también vayan a ser muy próximas. Tenlo en cuenta en tu trato diario.

Si lo haces bien, harás amigos en la carrera; amigos que serán una compañía para las etapas adultas de la vida si resulta que acabáis viviendo cerca. La posibilidad de rememorar batallitas edulcoradas por la bruma del tiempo ya es un punto a favor. Sentirse parte de algo, de aquella promoción, es también importante. Naturalmente, es mejor tener amigos que no sean como uno mismo; de hecho, cuando más diferentes sean, mejor, pero esto no siempre es fácil, y tienes que tener en cuenta que las experiencias comunes, haber tenido a los mismos profesores, haber pasado por lo mismo, une a la gente.

Hablaba al principio de los trabajos en grupo, de las fricciones que surgen en el trato humano. No creas que eso les pasa desapercibido a los profesores. Todos se dan cuenta. La diferencia es el modo en que lo tratan.

Tengo otra anécdota personal al respecto. Tuve un profesor en secundaria que nos ponía muchos trabajos de ese tipo. Me quejé (sí, lo has adivinado: yo era el niño que hacía los trabajos de los que otros se aprovechaban) y entonces me dijo que en unos años entendería por qué nos imponía trabajos colectivos. Esto era justo antes de 1989, la fecha en que cayó en muro de Berlín. Le volví a ver cuando regresé al colegio a dar una charla, en mi época de monitor de astronomía para el ayuntamiento, y como yo no lo había olvidado, le pregunté la razón. Sonriendo maliciosamente, me dijo que era para que experimentáramos lo que era el comunismo.

13
No descuides a tus amigos

Los amigos de la infancia y los de la carrera, esos de los que hablaba en el capítulo anterior, son importantes, pero también lo son aquellos que te vas encontrando por la vida. A veces sucede que ya de adulto conectas con alguna persona por algún azar y te empiezas a llevar bien. No hace falta que coincidas en todo con esa persona, ni que tengas ideas parecidas sobre política, filosofía o sociedad. Basta con querer pasar un rato con ella y que el sentimiento sea mutuo.

Una de las personas que más ha pensado sobre la amistad fue un filósofo griego, Epicuro. Este hombre fue un ser fascinante del que conocemos poco. Solo nos quedan algunas cartas en las que se recoge la esencia de su pensamiento. Escribió bastante, pero todo se perdió, destruido por los que le odiaban al encontrar sus doctrinas peligrosas para sus intereses.

Lo poco que nos ha llegado de él se lee en una hora. Vienen a ser como un "Epicuro para gente con prisa", unas cartas rápidas en formato de apuntes para que sus discípulos pudieran contar sus enseñanzas. La brevedad y la síntesis en cierto modo se agradecen, porque hay filósofos que escribieron tomos y tomos de rollo para acabar no diciendo nada sustancial.

No así lo que nos queda de Epicuro. Su teoría sobre la física, sobre cómo funcionan las cosas, es esencialmente correcta: en el universo solo hay átomos y vacío. Esto hoy nos parece normal, porque lo llevamos estudiando desde preescolar, pero que la naturaleza está compuesta por átomos no se demostró hasta el siglo XX. Fue Albert Einstein, por cierto, quien lo hizo.

Epicuro acertó en la física y creo que también en la receta para llevar una buena vida en las pocas décadas que estamos por aquí de paseo. Para él, la base de la relación social era leer buenos libros, tener buenos amigos y disponer de un jardín para organizar fiestas con ellos. Darse buenas comilonas en un sitio agradable, lejos de la ciudad, rodeado de vegetación, con árboles y una huerta. Hablar de la vida y de cosas sustanciales, dar paseos, beber un buen vino, compartir un paisaje, contemplar una obra de arte, discutir sobre puntos de vista diferentes, contar historias o viajes, comentar lecturas, rememorar anécdotas divertidas por enésima vez... Todo eso que se hace con los amigos.

Epicuro tenía una pequeña finca a un paso del centro de Atenas. El sitio donde estaba aún se puede visitar. No es muy grande. Una parcela con una casa modesta y un buen jardín. Le imagino allí preparando barbacoas para sus amigos. La gente, siempre envidiosa del goce ajeno, llamaba a su grupo de amigos "la secta del cerdo". A ellos les divertía el mote y hasta adoptaron a un cochinillo saltando como símbolo del grupo. En Herculano se encontró una estatua del cerdito, perteneciente a un grupo de amigos que seguían estos principios del buen vivir, un grupo de epicúreos de Roma que disfrutaban de una casa repleta de libros (papiros) y de un bonito jardín. La figura, muy graciosa, se guarda en el museo de Nápoles.

Esa forma de vida, junto con no meterse en jaleos de política, ni ir a la ciudad a reunirse más de lo necesario, ni discutir con idiotas, son consejos muy razonables para llevar una vida feliz. Si estas recetas no tuvieron mucho éxito, fue más bien porque los enemigos de Epicuro eran poderosos y sus ideas sobre la física amenazaban sus intereses.

Se esforzaron mucho en desprestigiarlo, e incluso hoy los que no han estudiado filosofía tienen una idea negativa sobre este filósofo, al que consideran como una especie de fiestero buscador del placer (en contraposición a los estoicos, un grupo con una mejor consideración pública). Pero Epicuro no era nada de eso. Era solo un señor muy inteligente que encontró el secreto de la felicidad mientras realizaba aportaciones vitales sobre la ciencia. Y es que al final, la física moderna no desciende de lo que dijeron Platón, o Aristóteles —que no acertó en nada—, sino del atomismo de Demócrito, Epicuro y Leucipo.

Decía Epicuro que la amistad estaba incluso por encima de la ley. Esto puede parecer una barbaridad a los que nos tomamos en serio el derecho, pero denota el gran valor que él le daba a la amistad. Argumentaba que el derecho, al fin y al cabo, es una convención abstracta y en el fondo arbitraria (hay leyes muy diferentes dependiendo de las fronteras), pero que un amigo es alguien concreto.

Te pondré un ejemplo. Supón que llega al Gobierno un partido con ideas peculiares y promulga una ley que dice que los sorianos son unos traidores a la patria y que nadie puede tratarse con ellos. Y resulta que tu amigo José Mazas nació en Almazán, provincia de Soria. ¿Qué pondrías delante, tu amistad o la ley? Yo, a mi amigo, pero en el régimen político que siguió a la República de Weimar, en Alemania, mucha gente puso a la ley por delante. Es un caso extremo, porque esa ley era claramente injusta, pero incluso en el caso de leyes razonables encuentro normal que en tu cabeza prevalezca tu juicio sobre los actos de un amigo, al que conoces bien, sobre el dictamen que haga un magistrado que no lo conoce de nada.

Un amigo es alguien como tú, un humano con sus glorias y sus miserias, con sus aciertos y equivocaciones, alguien en quien puedes confiar siempre, al que le puedes contar todo, por controvertido o inconveniente que sea, y que nunca te dejará tirado pase lo que pase. Con un amigo no hace falta recalcar el contexto de tus frases, matizar que dices algo de manera hipotética o que a veces hablas por hablar y que te puedes equivocar en algo. Los amigos te comprenden y te aceptan como eres, al igual que haces tú con ellos. Y si te equivocas y cometes errores, lo entienden.

Estos amigos que haces en la edad adulta son también muy importantes, y no hay que descuidarlos. Y eso, y Epicuro, me lleva al siguiente capítulo, en el que hablo de la importancia de las fiestas.

14

No esquives las fiestas. Y lo digo en serio

Todos los años, en tercero de carrera, allá por abril, proyectaba la misma imagen en la pantalla: un cuadro del siglo XVI de una fiesta campestre, pintado por Hans Holbein. Entonces les decía a mis alumnos de Arquitectura (sí, durante varios años di clase en tercero de Arquitectura; ya hablaré de ello) que lo que estaban viendo era el equivalente a una *rave* moderna.

Luego les daba un consejo que a ellos les divertía mucho: les decía que jamás se perdieran una fiesta a la que los hubieran invitado. Les resultaba paradójico que precisamente yo, que tengo fama de serio y de ser un señor que se pasa la vida leyendo en vez de haciendo pasillo por la facultad, les recomendara eso.

Y es que he de reconocer que este es el único consejo de este libro que yo no habría sido capaz de seguir en mis años de estudiante. Nunca me han gustado las fiestas ni las aglomeraciones de gente. Pero eso era un defecto personal mío que poco a poco he ido arreglando. Las fiestas son importantes para tu formación. Son lugares en los que vas a tener la oportunidad de afinar tus habilidades sociales y en las que puede que conozcas a personas cruciales en tu vida.

En las fiestas entenderás mejor la diversidad humana. Si vienes de un ambiente cerrado, en las fiestas y otros actos sociales conocerás nuevas maneras de ver la vida. Si resulta que esas formas coinciden con la tuya y hasta ahora no habías encontrado un ambiente propicio, excelente; harás nuevos amigos. Si no lo son, bien también, porque aprenderás a relacionarte con gente que no es como tú o que piensa diferente. Eso te ofrece una oportunidad para enriquecer tu desarrollo personal.

El ocio tiene su función formativa. No es igual para el que estudia que para el que trabaja. Durante la carrera, ha de servirte para ser más efectivo en el trabajo académico. No tiene sentido agotarte durante el fin de semana y pretender descansar la mañana del lunes trabajando a medio gas. Si acaso, al revés: mejor llegar muy cansado al viernes y dedicar el fin de semana a descansar haciendo algo diferente que te permita estar fresco el lunes. Y ahí es donde entran las fiestas, que no tienen por qué ser actividades deportivas extenuantes, sino que pueden ser momentos de relajación en un ambiente distendido. Entre amigos inteligentes, como hacía Epicuro.

Las mejores fiestas son las privadas, y dentro de esas, las que organizas tú. Los locales y las salas de fiestas son meros sucedáneos para quien todavía no tiene una casa amplia (o un amigo con una casa con jardín, que es lo ideal; o con jardín y playa, que es un milagro). Y es que uno de los mayores placeres de la vida es preparar una buena comida para tus amigos. Ir a comprar al mercado por la mañana, preparar la leña para la barbacoa, encenderla, meter las bebidas en la nevera y luego dejarlo todo listo para cuando empiecen a llegar. No se trata de impresionarlos con tus habilidades culinarias ni de darles de comer cosas caras (uno ofrece lo que tiene), sino de relajarte con ellos y disfrutar de un rato en común con una buena conversación.

Organizar grupos de seis a 12 amigos entre gente que aún no se conoce pero que quizá se pueda llevar bien es un arte. Hay que procurar incluir a alguien extrovertido que sea el alma de la fiesta, de manera que la conversación nunca decaiga; hay que evitar a los que pueden chocar por diferencias irreconciliables y a los que sean demasiado diferentes como para poder ser amigos. Las diferencias de edad pueden ser un obstáculo: juntar a gente mayor con gente joven suele llevar a que los primeros piensen que están con sus nietos y los segundos, con viejos. Hay que mantener cierto equilibrio generacional, aunque como dijo no sé quién "a partir de los 40 todo el mundo tiene la misma edad".

Si estás en edad universitaria, júntate con tu gente de tu edad. No digo que evites por norma juntarte con gente mayor —seguro que siempre aprendes algo entre ellos— pero ese no es tu ecosistema natural. Son tus pares, tus iguales, con los que tienes que hacer migas.

Un caso particular son las fiestas organizadas por profesores en las que se invita a estudiantes. Esas no te las aconsejo. En la universidad donde inicié mis estudios había un profesor que organizaba "fiestas romanas", a las que se iba con toga. Era profesor de Historia Antigua, así que aquello tenía cierta lógica. La idea era recrear, precisamente, una de esas fiestas clásicas de las que hablaba en el capítulo anterior. Fiestas epicúreas.

Eso sucedía en los ochenta, que fueron tiempos confusos en España. Hoy no sé si las sigue haciendo, pero mi consejo es que huyas de ese tipo de eventos. No se me ocurre ninguna razón por la que puede ser una buena idea acudir a beber vino vestido de romano al ático de un profesor, aunque sea en grupo (solo, o sola, ni se te ocurra ir). Te parecerá que la invitación te convierte en alguien especial, y puede que haga que te sientas muy adulto, pero ahí no te espera nada bueno ni en la más caritativa de las interpretaciones, que es que ese profesor sea tan infantil que los únicos que le hagan caso sean gente con 30 años menos que él.

En las fiestas de tu etapa en la universidad es donde vas a tener más fácil hacer unas amistades que te pueden durar para siempre. Vais a pasar por lo mismo, conviviréis muchas horas y además progresaréis a la par en el camino de convertiros en el tipo de personas que queréis ser. Luego ya vendrán otro tipo de reuniones y de eventos, y tendrás que ser más selectivo. Pero, de momento, no esquives una invitación a una fiesta con tus compañeros, porque es un tesoro.

15

Para qué sirve en realidad la universidad

Llegamos ahora al núcleo de este libro. Su eje. Para qué sirve la universidad. Seré directo. El propósito de la universidad es formar a la élite intelectual del país. Esta frase le parece una obviedad a una parte de los que nos dedicamos a esto y una barbaridad clasista a otra, así que me explicaré.

La universidad no es una escuela de oficios ni un sitio donde se aprende una profesión. Es un lugar donde se produce una metamorfosis en las personas. Un estudiante entra en la universidad más o menos a los 18 años y sale al cabo de unos pocos cursos convertido en otra persona. No en alguien más inteligente, más formado o con más conocimientos o habilidades, sino en otro. Una persona con un cerebro estructurado de una forma radicalmente diferente a otra que no haya tenido una educación universitaria.

Los que no han sufrido este proceso puede que hayan *ido* a la universidad, pero no han *pasado* por la universidad. Hoy es perfectamente posible obtener un título y una cualificación sin haber *pasado* por la universidad, pero para formar parte de la élite intelectual del país es imprescindible haber sufrido el proceso de transformación.

Hay muchos estudiantes que pretenden seguir siendo los mismos durante los años de la carrera. Algunos, incluso, se niegan a aprender. No quieren cambiar, solo quieren su título, porque de alguna manera alguien les ha dicho que se lo merecen o porque creen que por pagar una matrícula tienen derecho a que se lo demos. Nada más lejos de la realidad. No solo no tienen derecho al título, sino que les va a hacer tanto daño como a un niño un revólver.

¿Qué pasa entonces con ir a la universidad ya de adulto? ¿No es ya tarde para cambiar? Creo que no, que no es tarde, y que puede servir a muchas personas a encontrar su sitio en el mundo. Uno puede haber tenido una adolescencia, digamos, turbulenta, y al cabo de unos años tranquilizarse y querer volver a estudiar, y eso está muy bien y debe quedar siempre una puerta abierta a esa posibilidad. En ciertas universidades de élite esto no se permite, pero en España sí, y me gusta que así sea. Pero esos casos son excepciones, no la norma ni la razón de ser de las universidades. La universidad funciona mejor a una edad temprana, antes de que estés acabado de hacer. Cuando tu cerebro es aún plástico y se deja moldear.

Pocas personas se dan cuenta de los resultados de esa metamorfosis de la que hablo. Los profesores que damos clase en primero de carrera y que luego nos encontramos otra vez a los estudiantes en el trabajo de fin de grado o en máster sí. Percibimos entonces con claridad la enorme diferencia, no de magnitud, sino de grado, que han supuesto esos cuatro años de universidad en un joven de 18 años. Aparte de haber crecido, se expresan mejor, con más empaque, tienen un mejor vocabulario (adquirido del trato con sus profesores y de lecturas), razonan con más finura, se saben en posesión de nuevas habilidades y capacidades, y son capaces de hilar argumentos convincentes elaborando la información que tienen. También saben ir tapando los agujeros de lo que aún no saben.

La mayoría de la gente tampoco es consciente del caudal de conocimientos que se adquiere a lo largo del sistema educativo. Incluso antes de la universidad. Lo tenemos tan interiorizado que nos parece natural saber ciertas cosas que en realidad son una conquista.

Para darse cuenta de lo que supone un sistema educativo, hay que comparar lo que se le enseña a un adolescente de hoy con el estado de la ciencia hace solo unas décadas. Los saberes adquiridos y transmitidos a través de la educación obligatoria nos sitúan en un nivel de conocimiento que solo estaba al alcance de unos pocos antes del siglo XX.

Empecemos por la educación secundaria. Alguien de 16 años ya sabe mucho más que Aristóteles sobre meteorología. Tiene, por otra parte, un conocimiento geográfico infinito comparado con aquellos griegos para los cuales el Sol no podía ser mucho mayor que el Peloponeso y cuyo mundo se acababa un poco más allá de Gibraltar. De entrada, ya saben que existe un continente llamado América y otro que se llama Australia; que vivimos en una esfera que rota y gira alrededor del Sol, y que hay miles de planetas alrededor de otras estrellas, que también son soles y que lucen gracias a la energía de fusión nuclear. Saben, desde siempre, que la naturaleza está compuesta por átomos y que hay unos pocos elementos, ciento y pico, de los que está hecha toda la materia que existe.

También sabe más matemáticas y más física. Evidentemente, un joven cualquiera de 16 años no es mejor científico que Newton, pero es que Newton era el tope de la gama en su época. Ese niño no sabrá más álgebra que el inglés, pero es capaz de resolver con relativa sencillez problemas que Newton ni siquiera hubiera imaginado que existían, como, por ejemplo, la raíz cuadrada de menos cuatro.

En biología, la diferencia es aún mayor. Hoy nos parece natural explicar observaciones en ese ámbito empleando términos tales como el código genético o la evolución de las especies por selección natural, que son conceptos desconocidos para cualquier sabio anterior a 1850. Alguno pudo intuir la evolución (el abuelo de Darwin, sin ir más lejos), pero ninguno fue capaz de aportar las pruebas necesarias para considerarla como una afirmación científica. A esos sabios, la noción de que para construir cualquier ser vivo solo necesitas la información contenida en una secuencia muy larga de cuatro bases nitrogenadas enrolladas en una doble hélice les habría parecido del todo incomprensible y, posiblemente, se habrían reído ante semejante ocurrencia.

La universidad busca ir más allá de lo que sabemos hoy. En esta casa tenemos la obligación de ponerte en el límite de tu campo de conocimiento, de manera que atisbes la nada que se extiende más allá. Es la única manera de que unos pocos logren ampliar esa frontera y llegar más lejos, allí donde nadie ha ido aún. Llegar hasta ahí en lo que sea que estudies no está al alcance de cualquiera. Solo una élite dentro de la élite lo conseguirá, pero es importante poner a todos los estudiantes al borde de ese precipicio, porque *a priori* no sabemos quiénes son los que van a propulsar más lejos a la humanidad.

Podría parecer que cuando hablo de élite me refiero a los mejores expedientes académicos de cada clase, pero eso no es así. En multitud de ocasiones he visto que estudiantes con notas que no destacaban especialmente se convertían en excelentes investigadores, muy creativos, osados, ingeniosos y originales. Pero la única manera de que estos puedan ir más allá es que hayan puesto los pies en el borde de lo que se sabe en su carrera. Puede que saquen un 5 en vez de un 10, pero si no les proporcionáramos esa formación de frontera, detendríamos el conocimiento humano.

Comparado con esto, el resto de las ventajas que ofrece la universidad a las personas que pasan por ella son secundarias. El capital social, es decir, los amigos que haces, no opera con la misma intensidad en España que en otros países, ya que aquí la élite socioeconómica, fundamentalmente familiar, es poco permeable, al igual que por ejemplo en Inglaterra. Lo mismo ocurre con el capital cultural, el beneficio que se obtiene al entrar en contacto con las costumbres y la ideología de la clase dominante. Se trata de un valor que solo tiene importancia en los países en los que el acceso a los círculos de poder se basa en el mérito personal.

En España el capital simbólico, la ventaja de decir que se ha estudiado en una institución prestigiosa, se limita a las escuelas de negocios, y por razones ajenas al valor real de la educación que ofrecen. Se trata, en este caso, de un prestigio publicitario basado en el corte socioeconómico de la gente que se puede pagar ese tipo de estudios.

Hay que señalar que las universidades se están viendo obligadas a alejarse de su tarea tradicional de crear capital humano. Sus dos funciones básicas, crecimiento intelectual (lo que he llamado metamorfosis) y cualificación profesional (enseñar cómo se llevan a cabo tareas complicadas) se empiezan a soslayar. Advertía Pedro Salinas que el mercantilismo era el hecho más monstruoso que había ocurrido en la historia de la institución universitaria, y no parece que las cosas se estén arreglando. Al contrario, hoy lo que se pretende que hagan es dar títulos, sin importar si los egresados han aprendido un mínimo. La aspiración de mejorar la sociedad a través del conocimiento, que es otro de los fines de esta institución, pasa entonces a un plano secundario.

No es maldad. Es porque el Estado tiene un gran interés en que haya una gran proporción de personas que hayan superado tanto el bachillerato como la etapa universitaria, porque eso se traduce en un buen puesto en los índices internacionales, incrementando la capacidad de atraer inversiones. Si alguien se plantea montar una fábrica en España, quiere saber con cuánta mano de obra cualificada potencial puede contar y mirará las estadísticas. Se comprende, pues, que los Gobiernos hayan hecho todo lo posible para que obtener un título sea extremadamente fácil. Pero esto perjudica el "ascensor social".

La causa de esta deriva es la presión de unos políticos poco capacitados que no son conscientes de sus propias limitaciones y que, muy alejados de las élites intelectuales, pretenden imponer unas medidas que solo sirven para empobrecer al país. A ello contribuye que algunas empresas pretendan hacerse con el gran negocio que supone la educación superior, aprovechándose de cualquier cosa que sirva para desprestigiar a la enseñanza pública.

Uno de los debates actuales es el de la llamada cultura del esfuerzo. Hay partidarios y detractores. Yo te voy a dar mi opinión para que hagas con ella lo que quieras.

Creo que las políticas que van en contra del esfuerzo y del mérito son nocivas, y que solo sirven para destruir el ascensor social, ese mecanismo cuya primera parte consiste en que los hijos de los pobres puedan aspirar a mejorar su posición mediante una formación universitaria de calidad. La clave es el último elemento. Si la formación no es de calidad, no sirve como mecanismo de ascenso, puesto que, como vengo insistiendo, el título por sí mismo no sirve para nada.

Mi experiencia es que las cosas fáciles, las que no requieren esfuerzo, no tienen valor. Si cualquiera puede conseguir algo, ese algo vale poco. Cuanta más energía, esfuerzo, tiempo o dinero hay que poner en conseguir algo, más valor tiene. La escasez de un bien deseable genera valor.

El fortalecimiento y la ampliación de la clase media solo se puede llevar a cabo desde abajo, transformando a obreros en profesionales, y esto es imposible hacerlo sin una universidad que transforme radicalmente a las personas y las dote de instrumentos y herramientas para mejorar su vida.

16
Hazte responsable de tu formación

Ya hemos visto para qué sirve la universidad. Pero si quieres que te sirva a ti, tienes que adaptar esa idea en tu circunstancia y ponerte manos a la obra.

El principal interesado en sacar algo de tus años universitarios eres tú. Tú eres el capitán al mando de tu nave. Tus padres te podrán ayudar y orientar, porque tienen más experiencia en la vida, pero tú te conoces mejor y, sobre todo, solo tú eres el responsable último de lo que te suceda, incluyendo seguir o no los consejos que te lleguen desde todos los lados.

Si un profesor, un amigo o tus padres te dicen que creen que tienes que hacer algo, y lo haces, el responsable serás tú, no el que te dio el consejo. Lo mismo ocurre, evidentemente, respecto a lo que leas en este libro. Ser responsable de tu formación es muy importante, porque tomar el control de tu vida es algo que tienes que ir aprendiendo en tu paso por la universidad.

Paradójicamente, el paso por la universidad retrasa, no adelanta, esta necesidad de la vida adulta. La gente que deja de estudiar a los 18 años y se pone a trabajar suele madurar mucho antes que los universitarios, que continúan envueltos en algodones hasta los 22 o 23 años. A esa edad, es posible que tus compañeros que cotizan ya lleven a sus hijos al colegio y que ganen mucho dinero. A veces es duro verlo. Pero la decisión de estudiar es tuya y has de asumir tu responsabilidad.

Quizá recuerdes que al comienzo de este libro comentaba que tal vez algunas de las cosas que ibas a leer te podían resultar chocantes. Hay una especialmente que conviene explicar, porque es probable que lleves toda la vida escuchando lo contrario. Es esta: eres el responsable de la mayoría de las cosas que te pasan.

Hay un libro de título irresistible: *No culpes al karma de lo que te pasa por gilipollas*, de Laura Norton. Es un consejo excelente. El libro en sí no es muy allá, pero deberías grabarte a fuego esa afirmación como una sana directriz de tu vida y aplicarla siempre que estés tentado a buscar culpables.

Intenta no autoengañarte. No digo que no haya veces en las que lo que te pase sea porque te has cruzado con algún cretino que te quiere mal. Pero conviene que lo primero que hagas sea descartar que la causa de tu desgracia es solo tuya y lo segundo, enfrentarte al problema con inteligencia.

Personalmente, estoy convencido de que soy el responsable de *todo* lo que me pasa, pero cuando se lo aplico a los demás, lo dejo en *la mayoría*, porque mi experiencia no tiene por qué ser la de otros.

En la vida hay accidentes y situaciones personales que vienen dadas y en las que quizá no hayas tenido ninguna posibilidad de elegir, pero quitando esas, las trágicas, la mayoría de las cosas que te pasan en la vida son el resultado de tus acciones pasadas.

Por otro lado, aunque no puedas controlar lo malo que te pase, sí que puedes elegir cómo enfrentarte a ello. Asumiendo esto e integrándolo en tu vida, llegarás pronto a la conclusión de que lo que te suceda a partir de ahora será el resultado de las decisiones que tomes en adelante.

Un ejemplo sencillo: puedes elegir entre seguir leyendo o no hacerlo. Si no lo haces, habrás perdido la oportunidad de recibir más información sobre asuntos en los que tal vez no habías reparado, observaciones que te pueden servir y que quizá nadie se ha atrevido nunca a decirte. Si dentro de diez años vuelves a toparte con este libro, quizá te des cuenta de que cometiste un error por no haberle dado una oportunidad a estas páginas.

No obstante, también puede suceder (te lo adelanto ya) que acabes este libro y, aun siguiendo a pie juntillas todo lo que digo, te vaya mal. Ahorrémonos el trago de pararme por la calle para reprochármelo. No es culpa mía. Soy científico y proporciono el mejor conocimiento disponible con la información que tengo y de una forma honesta. Pero no soy adivino y tú eres quien mejor conoce tu circunstancia.

Quiero comentarte ahora algo sobre el tema de la motivación. También eres responsable de ella. Si has leído con atención todo lo anterior, ya adivinas lo que voy a decir sobre la idea de que los profesores de universidad tenemos que motivar a nuestros estudiantes. En parte sí que es cierto, hay que hacerlo con el ejemplo. Pero lo que se quiere decir con eso suele ir por otro sitio, hacia algo que se ha convertido en un mantra habitual en esos libros de autoayuda que comentaba antes.

El perfil del que escribe esas cosas suele ser el de alguien que dejó la carrera a medias y que se mantiene a base de pequeños trabajos aquí y allá hasta que toca la tecla adecuada. Esta tecla consiste en ofrecer una justificación a los estudiantes a través de un libro con muchos apartados y viñetas y poco texto, derivando su responsabilidad personal hacia otros, ya sea el profesor, sus padres, la sociedad, las estrellas o las circunstancias. Casi siempre concluyen que si no aprendes y no vas ilusionado a clase, no es culpa tuya, sino que te están enseñando mal.

Esas personas consideran que el profesor tiene que inventarse actividades para motivar. Suelen proporcionar una lista. He tenido la desgracia de conocer algunas de estas propuestas, como hacer bailes en medio de la clase o dar charlas a modo de predicador americano, vestido, literalmente, de payaso.

A mí no me pagan lo suficiente para hacer eso, así que, por supuesto, no las hago. Si lo menciono es porque estas ideas van calando en los profesores de primaria, trasladadas con entusiasmo por maestros que huyeron de la docencia y las aulas para refugiarse en la gestión y los despachos, y que ahora se dedican a decir a los demás cómo enseñar. La presión, por lo que me cuentan, se está convirtiendo en algo insoportable.

En la universidad no tenemos de eso, aunque últimamente se esté prestando más atención de la debida a lo que sugiere alguna gente sin la adecuada preparación o trayectoria. Las carencias de esas personas los llevan a no reparar en obviedades, como que la motivación de un estudiante estadounidense que se tiene que endeudar para estudiar no puede ser la misma que la de uno español al que, en comparación, el curso le sale prácticamente gratis.

La gente que presiona para que los profesores nos pongamos a motivar lo hace, a menudo, para avanzar en sus programas ideológicos. Eso es un riesgo social, porque suele esconder un afán adoctrinador. Pero el peligro concreto para la universidad va en otra dirección. Consiste en que se ha empezado a difundir la idea de que el profesor de universidad tiene que convertirse en una especie de animador sociocultural que provea a los estudiantes de razones para estudiar en lo que se han matriculado. Eso quizá sea aplicable a carreras con poca demanda, que requieren una justificación continua para que el contribuyente las subvencione. Se trata de carreras en las que hay más profesores que estudiantes, pero que nadie se atreve a eliminar, porque a los docentes hay que seguir pagándolos, aunque, haciendo cuentas, el gasto social de mantenerlos sea muy superior al coste de la titulación. Pero en grados en los que hay 50 plazas para 300 interesados es raro que el profesor tenga que dedicar tiempo a explicar por qué su asignatura es importante. Estaría predicando a conversos o, como se dice en inglés, al coro.

Sería muy extraño que los estudiantes de Física que entraron con un 13 de nota media (la escala va del 1 al 14; sería el equivalente a un 9,3 sobre 10) y que superaron a más de 250 compañeros necesitasen una razón para ir a clase. Llevan varios años peleándose para conseguir unas notas que les permitan entrar en los estudios que quieren seguir, vienen cargados de ilusión y tienen bastante clara su vocación. Saben que, cuando salgan de la universidad, van a trabajar en lo que quieran y se esfuerzan por formarse lo mejor posible para poder competir eficazmente por los mejores puestos.

Al contrario que en primaria y secundaria, a la universidad se supone que se va voluntariamente. El problema surge cuando no es así, o cuando se ha llegado a la carrera por descarte o sin saber muy bien qué se hace en un sitio como ese. Es un problema social, de un sistema que durante los años previos no ha sabido hacer ver a los estudiantes las ventajas de la formación profesional o de la necesidad de esforzarse para conseguir algo. Una vez que estás matriculado en la universidad, suele ser tarde para rectificar, aunque en ocasiones se puede cambiar de carrera.

Cuando entras la universidad, ya vas con retraso a la hora de adquirir hábitos de trabajo y construir una base de cultura general que permita seguir edificando la personalidad profesional. Eso ha de hacerse en primaria y secundaria. Pero, aunque hayas perdido el tiempo, nunca es tarde del todo. Hay estudiantes que al llegar a la universidad se dan cuenta de la pérdida en las etapas anteriores de su formación y deciden cambiar el rumbo de sus vidas. En la mayoría de las carreras se puede lograr, aunque requiere de un esfuerzo extra.

17

Entiende pronto que el mundo es muy grande

Pasar por la universidad te tiene que abrir la mente, si no, habremos perdido el tiempo contigo. Ese "volverse otro" forma parte del proceso de convertirte en lo mejor de ti mismo.

Quizá llegues a la universidad pensando que tu objetivo es conseguir ese sueño de colocarte en el ayuntamiento de tu pueblo en un puesto de funcionario local, con un horario de 8 a 3, ideal para dedicar la tarde a tus cosas. Es un futuro posible, e incluso deseable en tu caso particular si eres poco ambicioso, pero nuestra obligación, la de la universidad, es enseñarte que hay mucho más ahí fuera para que puedas elegir. Si al final optas por ese trabajo, estupendo. Pero que no sea porque no puedes dedicarte a otra profesión y ser otra persona.

Hay trabajos que ni sabes que existen cuando empiezas la carrera, y muchos otros que sigues sin conocer cuando la acabas. Trabajos bien pagados, en organizaciones o empresas de las que ni has oído hablar, pero que son muy deseables. Hay por ejemplo fundaciones muy potentes cuyo nombre no te suena, pero que invierten millones en lo que tú has estudiado. Esos conglomerados los tiene que gestionar alguien y hay muchos más de los que crees. Es cuestión de buscar y de que se dé la circunstancia de que necesiten lo que sabes hacer. Pero la búsqueda la tienes que hacer tú. Es importante aclarar que la universidad te va a proporcionar prácticas en empresas para que veas otro mundo, pero que no es una agencia de colocación. No es nuestra función. Como he dicho hace un par de capítulos, estamos para otra cosa.

No obstante, sí que te podemos informar. Debes aprender que el mundo es mucho más amplio que tu entorno inmediato y que hay todo un ecosistema internacional en el que quizá encajes. Fuera de tu país hay también un buen puñado de empresas que buscan a alguien como tú. Y, a menudo, no lo encuentran. Las razones son múltiples: la dificultad de conectar la oferta y la demanda, a pesar de plataformas como LinkedIn, la tradicional poca movilidad de la mano de obra en algunos países o la creencia de que tras las ofertas se esconden puestos que ya están dados pero que no obstante hay que publicitar. He tenido estudiantes que se han colocado en lugares tan aparentemente peregrinos como el zoo de Helsinki o una empresa de suministros médicos de Inglaterra, pasando por el Parlamento Europeo. Ninguno de ellos entró en la carrera con esa perspectiva laboral en mente.

Los puestos en organismos internacionales como la UNESCO suelen estar muy cotizados, pero aquí sí que es cierto que las barreras de entrada son altas. Una de las más injustas son las prácticas no remuneradas, a las que solo pueden acceder los que tengan una familia que los mantenga. Esto, no obstante, está cambiando.

Para tener alguna oportunidad de optar a un puesto internacional, no hace falta insistir en que tu inglés tiene que ser todo lo bueno que te puedas permitir. Hoy, las herramientas de inteligencia artificial te permiten cubrir lagunas como la de no ser capaz de escribir correctamente un texto y es muy posible que los traductores automáticos de voz en tiempo real estén a la vuelta de la esquina. Creo que pronto, muy pronto, será posible que tú hables en cualquier lengua y que la persona que tengas enfrente te escuche en su propio idioma a través de un auricular. Pero si quieres progresar en un ambiente internacional, será necesario que domines el inglés social, no solo el técnico y el profesional. Y, además, si quieres leer con la rapidez requerida para ser competitivo, tienes que dominar esa lengua.

No se puede ser bueno en algo sin haber leído mucho. Puedes ser un técnico competente, o un operario, una de esas personas que le sacan el trabajo a alguien, y a pesar de ello no lograr convertirte en un individuo capaz de sacar investigaciones por ti mismo o de conseguir algo importante en tu empresa. Para conseguirlo, tienes que leer en inglés. No solo para conocer la información en sí que te transmite la lectura, sino para formarte en el hábito de pensar de manera original.

Si quieres acceder a la mayor parte de la información técnica valiosa, tienes que aprender inglés. No solo en una carrera de ciencias, sino en cualquier otra. Hoy, todo lo que se publica y que tiene cierto valor se escribe en ese idioma. No existe el concepto de una investigación, de esas que cambian lo que sabíamos de un campo, escrita solo en español, en francés o en tagalo. Si no sabes inglés, limitas mucho lo que puedes aprender y nunca estarás al día, y eso es una pena.

Cuando digo que el mundo es muy grande, no me refiero solo al aspecto geográfico. Incluyo el cultural. La cultura en la que has nacido está muy bien, pero hay otras igualmente interesantes que tal vez te agraden. Por ejemplo, la coreana, que se parece mucho a la nuestra, aunque esté en la otra punta del mundo. O la China, que tiene 5.000 años de historia y que, salvo en un pequeño intervalo, ha sido siempre superior al resto. Viajar para conocerlas está muy bien si te lo puedes permitir, pero hay otras maneras de vivirlas. La televisión no suele ser un buen mecanismo, porque, salvo excepciones notables, repite lugares comunes. El cine es algo mejor en este sentido, pero tiene también sus limitaciones y cada vez resulta más complicado encontrar material de calidad.

Te recomiendo la literatura.

Pero ¿qué leer para abrir tu mente y entender la variedad del mundo? Los primeros años de decano sacaba una lista de lecturas recomendadas para el verano. Iba dirigida sobre todo a los estudiantes; sin embargo, a algunos profesores les molestó mucho y tuve que dejar de hacerlo, porque no es cuestión de ir por ahí incomodando a los compañeros que luego tienen que votar a favor de lo que propones hacer. Hay que elegir bien las batallas y saber abandonar posiciones si con ello se logra una ventaja estratégica a largo plazo.

No voy a poner aquí mi lista. Cada uno tiene la suya, y además depende mucho de la audiencia. No es lo mismo recomendar para estudiantes de primero de carrera que para sus padres. Lo importante es transmitirte la idea de que leer buenos libros puede mejorar mucho tus experiencias vitales y ampliar tu idea del mundo.

Por otro lado, las grandes obras de la literatura universal te permitirán extraer todo el jugo de tus vivencias. Se puede ir a Florencia sin saber nada del sitio y divertirse mucho en el viaje, pero se disfruta mucho más si se sabe qué visitar, en qué fijarse y qué significado tuvieron las obras de arte que hoy se guardan en la ciudad. Con esos libros pasa lo mismo. La realidad, lo que vemos, lo que experimentamos como personas gana mucho después de haber dedicado cierto tiempo a sus páginas.

También sucede que muchas citas en películas, series y tertulias proceden de ese tipo de libros, y se dan por supuestos en la conversación entre personas instruidas. Dos ejemplos son las frases "el gran hermano te vigila" y "la vida es un sueño". Una serie como *Breaking Bad* no se puede entender bien sin Nietzsche. Y así con centenares de referencias.

Conviene elegir libros originales, aquellos que abrieron un nuevo mundo a la mente humana y exploraron nuevas dimensiones. Los otros, los derivados, son eso, copias del original. No digo que sean malos, pero ¿quién quiere una copia pudiendo tener el original? Quizá *West Side Story* nos parezca más vistoso que *Romeo y Julieta* —es un musical después de todo—, pero en la primera, la de Ernest Lehman, nos perdemos matices que nos mantienen en vilo en la de Shakespeare, como la posible crítica a todo el asunto, porque es muy posible pensar que la obra del inglés es una invectiva al alocado amor adolescente.

Iniciar un movimiento, una tendencia, ser pionero en algo (y hacerlo bien) es abrir los ojos a los demás a un nuevo mundo que desconocían. Cuando alguien crea, luego puede que vengan otros a afinar o a mejorar la innovación, pero nadie podrá decir que fue el primero. A una mejora y a una adaptación a una época o estilo seguirán otras, pero el primero de la serie siempre será único.

Un ejemplo son los *Ensayos* de Michel de Montaigne. Hoy, estamos familiarizados con lo que es un ensayo, un libro como este que tienes entre las manos: un autor nos ofrece sus opiniones urgentes sobre una variedad de cosas y nosotros, dándole cierto crédito porque entendemos que es alguien con cierta experiencia o criterio, lo leemos sin preocuparnos demasiado por cuáles son sus fuentes. Al igual que cuando tomamos miel no nos preocupamos por la flor exacta de la que la abeja obtuvo el polen, sino que lo que nos interesa es el producto, la elaboración; en un ensayo no podemos exigir al autor que nos precise de dónde ha sacado tal dato o quién dijo eso antes que él, como se hace en los libros o artículos académicos. Entendemos que lo que escribe es el resultado de su propia reflexión a partir de muchas lecturas y vivencias. Pero antes de Montaigne esto no existía. Fue él quien inauguró un género que se ha demostrado tan útil para transmitir ideas y reflexiones de una forma rápida y provisional, en su caso con muchas referencias.

Sin lo que proporciona su lectura reposada de las grandes obras literarias es muy difícil que las cajas de las que hablaba en el capítulo 7 sean todo lo amplias que debieran, o que tengas el suficiente número de cajas para la enorme variedad del mundo y de la experiencia humana. Siéntete libre de explorar lecturas y de formarte tu propio canon. Lo importante es leer.

Comentaba arriba que durante unos años di clase en Arquitectura. El caso es que en el último curso decidí hacer un regalo a mis estudiantes. Un día, les pedí que para la clase siguiente trajeran una novela, la que ellos quisieran. Una que no hubieran leído aún. Los estudiantes de aquella promoción eran muy buenos, gente preparada. Trajeron verdaderas obras de arte, literatura de verdad. Mi clase consistió en sentarnos todos en silencio y leer juntos, sin distracciones y solo por placer, durante una hora.

Fue una experiencia bonita. Les gustó. La mayoría me confesó que nunca habían hecho algo así, pero que en adelante lo harían más a menudo.

Te aconsejo que lo pruebes.

18

Vete de Erasmus si puedes y si no, también

Hay que viajar. Tienes que abrir tu mente. Si no has salido de tu entorno, te parecerán normales cosas que no lo son y se te antojarán extrañas otras que son mejores que las que conoces y que te pueden resultar muy valiosas en el futuro.

Haz un curso a una universidad extranjera y cuánto más lejos, mejor. Es absurdo irse de Erasmus y volver a casa cada dos fines de semana.

El programa Erasmus sirve para ayudarte a madurar y es una de las cosas por las que la Unión Europea tiene sentido. Lo único malo es que la dotación de una Erasmus no da para vivir por tu cuenta en una ciudad extranjera. Esto no es un problema para los países en los que las personas abandonan su hogar cuando empiezan la universidad, pero en España la mayoría de la gente estudia en la ciudad más cercana por una razón puramente práctica: es más barato. Si cambiarse de ciudad para estudiar lo que a uno le gusta resulta difícil, irse al extranjero puede ser inasumible.

Y, sin embargo, hay que hacer todo lo que se pueda, y más, para irse de Erasmus. Si te lo puedes permitir con cierta facilidad, ni lo dudes. Si no, consigue los recursos necesarios con ese objetivo. Todo vale: trabajar los fines de semana de camarero, dar clases particulares a niños o chicos de secundaria, hacer recados, trabajar de socorrista, pasarse el verano de pinche en un restaurante o de monitor de campamentos de niños; lo que sea.

En mi caso, tuve que dar cientos de horas de clases particulares de física, química y matemáticas para ahorrar lo suficiente, trabajé una temporada de monitor de astronomía para el ayuntamiento de mi ciudad (mi primer trabajo cotizado) y también cobraba por pasar a máquina los trabajos manuscritos de estudiantes de cursos superiores (entonces no había ordenadores como ahora y los estudiantes hacían los trabajos a mano, y pagaban después a alguien para mecanografiarlos). Si hubiera podido, habría evitado esos trabajos y dedicado más tiempo a leer y estudiar, pero no teniendo otra opción, trabajé en lo que me salía y así pude pagarme una Erasmus en Irlanda.

Fue una experiencia dura, porque no tener mucho dinero en un país que no es el tuyo, estar solo, comer mal (desde 1995, Irlanda ha mejorado mucho en ese aspecto) y tener que seguir unas clases universitarias en inglés y a un nivel muy superior al que estabas acostumbrado resulta muy difícil cuando tienes veintipocos años. Pero aprendí mucho. Lo primero, que el inglés de la Escuela Oficial de Idiomas y el inglés que hablaba la gente de allí se parecían en teoría, pero que en la práctica eran dos lenguas diferentes. O tres, si tenemos en cuenta que el inglés oral y el inglés escrito tienen una relación bastante laxa.

Aprendí también que las clases de la universidad podían ser de otra manera, más de lecturas y debates que de señores contándonos su visión del mundo, y que el horario de la universidad española, con cuatro o cinco horas al día de clase, es una particularidad nuestra y algo poco recomendable para asimilar todo lo que te cuentan. Por ahí se dan muchas menos clases, dos o tres horas al día, y eso está bien.

Los planes de estudio cerrados también son cosa de aquí. Allí pude elegir asignaturas muy diferentes entre una gran variedad, como hacían todos los matriculados. La idea era formarse en lo que te interesase aprender. Completar una carrera consistía en sumar una serie de créditos, pero el itinerario exacto te lo construías tú. Un poco como esos libros de "escoge tu propia aventura". Daba igual si tú eras el único que seguía un itinerario o si te apuntabas a cursos en otras facultades. Así, me apunté a cursos que en la España de 1995 habrían resultado exóticas como complemento de mi carrera, como Geografía del Género.

Otra cosa que aprendí de mi experiencia irlandesa es que la sinceridad está sobrevalorada. Al regresar, me había quedado sin ahorros y necesitaba dinero para comprarme un ordenador. Me apunté a una empresa de trabajo temporal, una novedad por entonces. No tenía mucha experiencia laboral, solo la de monitor de astronomía y las clases particulares, y todavía estaba estudiando, pero puse en mi currículum que había estado en Irlanda.

Me llamaron enseguida. No pasaron ni dos días.

Cuando llegué me contaron que el trabajo era como catador de cervezas para la Guinness. Consistía en ir de incógnito a los bares, pedir una pinta, ver cómo la tiraban, probarla y luego identificarme y hablar con el dueño sobre la manera correcta de servirla, del tiempo que había que dejarla reposar antes de rellenar y un largo etcétera, incluyendo, obviamente, el sabor.

Necesitaban a alguien que hubiera estado en Irlanda para que pudiese comparar si aquella cerveza sabía igual que las que te ponen en la isla. Luego solo tenía que rellenar un formulario y remitirlo. Estaban muy contentos de encontrar a alguien que hubiera sido Erasmus en la isla Esmeralda.

Yo entonces era joven e ingenuo, y pensaba que lo mejor era decir siempre la verdad, incluso en las entrevistas de trabajo. Cuando me describieron la tarea, dije que podía hacerlo sin problema. Pagaban, además, estupendamente y hasta me dejaban ir a trabajar acompañado de amigos para disimular.

Pero entonces la entrevistadora me hizo una pregunta trivial, algo que parecía una obviedad, pero que ella tenía que preguntarme para reflejarlo en su formulario.

—Porque te gusta la cerveza, ¿verdad?

Lo cierto es que por entonces no me agradaba (ahora ya sí, me ha cambiado el gusto). Había bebido Guinness en Irlanda, naturalmente, era casi obligatorio para estar en sociedad, pero lo hacía a disgusto.

Cometí el terrible error de confesarle a mi entrevistadora que no, que en realidad la cerveza no me gustaba. Me miró como si yo fuera imbécil (una buena evaluación suya dada mi respuesta) y me dijo que se temía que ese era el primer requisito que había fijado la empresa.

Me quedé sin aquel trabajo de ensueño, bien pagado y que no requería ningún esfuerzo. Pero hay un dicho inglés que dice que "si la vida te da limones, haz limonada". Es decir, que busques la manera de sacar algo provechoso de los amargores y sinsabores que te pueden tocar. Y eso fue exactamente lo que hice.

Fue quizá gracias a la pérdida de aquel trabajo que pude aprovechar mejor el verano para reflexionar y plantearme varios cambios importantes en mi vida.

19

La importancia de saber escribir

Del mismo modo que es importante saber leer bien, también tienes que dominar la escritura, y da igual si eres de ciencias, de letras o mediopensionista. La excusa de escribir mal "porque soy de ciencias" puede tener su gracia en la cafetería de la facultad, pero cuando no te contraten porque la redacción de un texto que te han encargado sea horrenda, te va a hacer menos gracia. En la vida profesional, y más cuanto más alto subas, te vas a ver obligado a expresarte bien por escrito. Salvo que seas el dueño de la empresa y alguien lo haga por ti, lo normal es escribir informes, correos, órdenes y documentos que deben superar holgadamente un umbral de inteligibilidad.

En las carreras de letras esto de escribir bien va de suyo. Pero al igual que leer es crítico para sacar una carrera de ciencias o una ingeniería, también lo es escribir con solvencia. No creas, por cierto, que la inteligencia artificial te va a sacar del apuro. Ya te adelanto que no.

La gente que es solo de ciencias tiene cierta tendencia a escribir mal. No es culpa suya, es que nadie les ha enseñado en qué consiste la buena prosa. No obstante, hay personas que, a pesar de no tener formación, no asumen sus carencias y se piensan que por ser muy buenos en, digamos, física o biología, inmediatamente saben escribir, como si eso fuera una cualidad innata o viniera como un añadido de la carrera que estudiaron. Suelen equivocarse. Otros son más sabios y se dejan corregir por los profesionales.

El número de errores que se pueden cometer en un texto es tan elevado que no se pueden aplicar recetas, aunque se hayan publicado libros magníficos de fórmulas convencionales para mejorar el estilo y expresarse correctamente por escrito. Al igual que sucede con la capacidad de saber si un poema, una novela o un cuadro son buenos o triviales, a reconocer la buena prosa en ciencia o ensayo se aprende con la práctica, es decir, leyendo y escribiendo. Aun así, siempre quedan flecos que requieren una buena edición.

Los asistentes de tipo inteligencia artificial te pueden ayudar a no cometer faltas de ortografía o errores gruesos, pero no sirven para dar a un escrito la pátina de alguien realmente formado, de alguien a quien respetar. Tú quizá no te des cuenta y pienses que tus frases dicen exactamente lo que quieres decir, pero no es poco habitual que la gente emplee palabras con acepciones que no son las que ellos piensan o que la manera que tienen de encadenar sus frases revele más de lo que querrían enseñar. La falta de estilo, o de personalidad en la escritura, trasluce además carencias intelectuales que te puede parecer que deberían dar igual si estás hablando de la teoría de la relatividad, pero que afectan a la percepción que el lector tiene de ti.

Esto, cuando se escribe divulgación científica, es muy importante, porque un texto en ese ámbito no solo tiene que informar, sino capturar al lector, emocionarlo, ofrecerle autoridad, llevarlo de la mano a través de párrafos y párrafos, y transmitirle algo más que una fría secuencia de datos enciclopédicos. Si estás escribiendo de política, hay que ser persuasivo, pero también si estás hablando de física de nubes, aunque no lo creas. Si no lo haces, tu obra nacerá muerta. Muchos científicos piensan que sus textos, siendo correctos gramaticalmente, son ya lo suficientemente buenos como para que un editor arriesgue su dinero y su prestigio publicándolos, pero se equivocan. Para que un texto tenga la calidad requerida para ser publicado en una editorial buena, no cometer faltas de ortografía, saber puntuar, evitar la monotonía y ser claro y fluido son condiciones necesarias, pero no suficientes.

Las carencias expresivas se aprecian con mucha claridad en las revistas científicas internacionales. Es bastante habitual que los editores rechacemos artículos porque el inglés no es lo bastante bueno. Algunos autores se quejan de esta "discriminación", porque piensan que se les está achacando un pobre dominio de esa lengua, sin darse cuenta de que lo que se les está diciendo en realidad es que su expresión escrita resulta inadecuada para el nivel de excelencia intelectual que se le supone a la gente que publica en ese sitio. Si el artículo estuviera escrito en su lengua materna, seguiría siendo igual de malo.

Otro ámbito donde saltan las carencias en la expresión escrita son las redes sociales, en especial Twitter (ahora se llama X, aunque todo el mundo le sigue llamando por el nombre anterior). No es raro encontrarse con hilos que pretenden divulgar una teoría científica o un hecho curioso empleando un lenguaje muy deficiente. A veces esto es el fruto de una traducción automática, pero en otras se nota que es porque el autor no sabe escribir.

El lenguaje y la técnica que hay que utilizar dependen mucho del soporte y del tipo de obra. Para un escrito popular es mejor no poner notas, pero en uno dirigido a un público académico son imprescindibles. Mantener un equilibrio entre ambos extremos es difícil y va ligado al público objetivo de tu texto. Es evidente que no es lo mismo escribir para profesores de universidad que para estudiantes de 18 años, así como que el estilo de Montaigne requiere cierta cultura previa para ser apreciado.

La poca destreza para jugar con los matices es un fallo muy común en todo tipo de escritos profesionales. Encontrar la palabra precisa para transmitir lo que quieres o para provocar un cierto efecto en el lector no es sencillo. Para lograrlo, hay que conocer muy bien al destinatario y dominar los resortes de la comunicación escrita.

Está bien conocer la teoría, pero, ante todo, tienes que practicar. Al principio no lo conseguirás, pero poco a poco irás construyendo tu estilo, el camino más corto entre las ideas que bullen en tu mente y las herramientas lingüísticas de las que has ido haciendo acopio a lo largo de la educación básica y secundaria.

Saber introducir la información en su orden correcto, tramar una narrativa y graduarla, adecuar el tipo de frase a lo que se quiere transmitir, sorprender y no hacer trabajar de más al lector es un arte que no viene de regalo con una carrera que no tenga nada que ver con las humanidades.

Respecto a esto último, la vida es corta, y es una terrible falta de educación obligar al lector a leer dos veces lo que has escrito, salvo que eso sea precisamente lo que pretendas, como he hecho yo arriba cuando escribí que "el secreto de estudiar bien es simple: hay que leer todo, despacio, con atención y cuidado; concentrado, y varias veces". Es una oración que busca ser leída dos veces, ajustando perfectamente la forma con el contenido de manera que te des cuenta de que haciendo eso que digo, leer varias veces, puedes entender cualquier cosa; incluyendo frases que contienen un punto y coma que de otra forma sería discutible.

Vaya, lo he vuelto a hacer.

20

Asume que la realidad es compleja

Hay una frase de esas apócrifas que se atribuyen a Einstein. Dice que si no puedes explicar algo de manera sencilla es que no lo entiendes. Eso puede que sea cierto (yo creo que no), pero es seguro que la frase no dice que si no lo entiende cualquiera es que no lo explicas bien. Son cosas diferentes.

El mundo es muy grande y variado, y dentro de él, en el intelecto humano, también hay niveles y categorías. La gente realmente buena pensando, esa que parece que juega en otra liga, engarza pensamientos simples y llega a conclusiones muy complejas. Pretender que alguien sin ninguna formación pueda entender cómo se forma la precipitación en las nubes, o las operaciones del cálculo en el círculo unidad, es ilusorio. Lo mismo para resolver problemas con muchos matices, como por ejemplo qué hacer ante el calentamiento global del planeta, o las rutas metabólicas en bioquímica, en donde es necesario retener en la memoria varias ideas.

Por otro lado, reducir conceptos complejos a recetas o a frases supuestamente profundas (pero que no dicen nada) no es lo que pretendemos que consigan nuestros estudiantes de universidad. Aquí no se viene a tratar de ser el más listo de Twitter o a aprender a ganar una discusión con una frase lapidaria o un zasca, sino a ser capaz de hilar de forma comprensible una serie de argumentos que transmitan con claridad lo que quieres contar.

Para argumentar bien, no basta con saberse la lista de las falacias lógicas ni la de los sesgos cognitivos. Si te tienes por una persona instruida y muy inteligente porque sabes lo que es el efecto Dunning-Kruger y se lo aplicas a todo el mundo, me temo que aún te queda mucho por leer. En particular, la multitud artículos que critican el efecto.

Una buena parte de tu formación universitaria consistirá en aprender a defender y discutir ideas aplicando razonamientos intrincados y matices. Tendrás enfrente a personas que ha leído tanto o más que tú, así que no suele ser eficaz disponer como único arsenal de esa especie de píldoras de conocimiento que aparentan erudición. Las modas y los lugares comunes no te ayudarán a que alguien decida comprar tu proyecto para la regeneración de un barrio o a imponer tu idea sobre las directrices de ordenación territorial de los alrededores de Segovia. Vas a necesitar algo más que eso, y que lecturas de periódico, para convencer a un panel de profesionales con 20 años de experiencia de que tu idea del ferrocarril es la adecuada; y algo más que chascarrillos de Twitter para convencer a un concejal (que puede tener otros intereses) de que lo que tú crees que necesita un barrio es un parque.

Para enfrentarse a esas situaciones y sacar adelante un proyecto en el mundo real, no puedes aplicar recetas. Tienes que tener otras capacidades, del tipo de las que aprenderás en la universidad, y aplicar tus conocimientos técnicos de manera ajustada al caso.

En algunas carreras, lo que más se valorará de ti es que hayas aprendido a superar problemas complejos. Es el caso de las matemáticas, la física o la mayor parte de las ingenierías. Serás empleable no tanto porque sepas solucionar los problemas concretos que has visto en el grado (que son simplificaciones didácticas), sino porque se supone que has sido capaz de superar bajo estrés unos problemas que entrañan enormes dificultades intelectuales. Es decir, entrarás en el club de aquellos que se han enfrentado con una materia complicada y la han superado. Esto te convierte en una persona que es *a priori* capaz de enfrentarse a problemas reales muy complicados, problemas nuevos que nadie ha tratado antes y cuya solución no está escrita en ningún sitio. Todo el mundo quiere tener a alguien así en su equipo, ya sea en un banco, una fábrica de lavadoras o una empresa textil.

Así, por ejemplo, tienes muchos puntos a favor si entendiste la representación de un recubridor del grupo de Poincaré en teoría de grupos. No es que vayas a tener que aplicar esa teoría en tu vida profesional, es que eres el tipo de persona capaz de entender estructuras y complejidades de esa índole. Si lo que has estudiado era facilito y no representaba un desafío mental equivalente a haber entendido esa teoría, no lo tendrás tan fácil. El mercado laboral a la altura de tu formación no te encontrará tan deseable si las capacidades que has tenido que demostrar en la carrera se limitan a lanzar referencias bibliográficas pedantes y obviedades, o cuestiones discutibles o simples. De eso ya hay mucho.

Para progresar en tu vida profesional, también tendrás que aprender a trabajar en grupo. Es algo complicado, y como te decía arriba, del tipo de cosas que hay que enseñar, porque va contra natura, pero debes hacerlo, aunque seas la clase de persona que va por libre. Es cierto que hay veces que trabajando en grupo se tarda mucho más que pidiendo a alguien muy cualificado que lo haga, pero no se trata de rapidez, sino de que el resultado refleje una multiplicidad de visiones y ángulos, incluso aunque algunos sean incorrectos o falsos.

Los datos y las realidades físicas, e incluso los teoremas, no lo son todo en una discusión técnica. Si crees que los grupos se comportan de manera racional y buscando el bien común no tienes más que acudir a una reunión de la comunidad de vecinos para cambiar de idea. En tu vida profesional te encontrarás a gente tan estúpida como para perjudicarse a sí misma si con ello es capaz de fastidiar a otra o con personas que, a pesar de no comprender un razonamiento, no son capaces de aceptar que puede que se les escape algo que hayan visto otros más listos que ellos. Trabajando en grupo, aprenderás a lidiar con ellos.

El debate y el intercambio de puntos de vista es muy importante en la vida profesional, y ahí tampoco hay recetas que aplicar, porque la realidad tiene muchas caras, y las recetas sirven para simplificar. Pueden servir como directrices, pero no para crear nuevo conocimiento o para enfrentarte a problemas intrincados que no se dejan reducir a unas pocas variables.

Para entender la complejidad del mundo, hay que estar abierto a ella y no intentar reducirlo todo a unas simples notas cogidas con pinzas. En ese proceso, discutir es muy importante. La crítica es fuente de progreso y tener un buen *sparring*, un compañero de boxeo que te diga qué haces mal, ayuda mucho a mejorar.

Lamentablemente, hoy mucha gente evita ofrecer sus conocimientos, o incluso sus opiniones, por miedo a que los acusen de cosas feas. Hay un tipo de personas que se empeña en explicarles a otras cosas que estas últimas saben mejor, y las segundas tienden a ofenderse por ello. Lo mismo sucede con interrumpir, una costumbre muy molesta. A esa gente hay que recriminarles, siempre que sea posible, su mala educación, pero hacerlo de manera airada o llevar el asunto a otro nivel solo genera frustración.

Las personas que erigen ese tipo de barreras o que están siempre preparadas a cercenar el debate cuando se las contradice, aunque sea de malos modos, no aprenden nada. Si dejas claro a cada momento que te ofende profundamente que te corrijan, te corten en medio de la conversación o te expliquen algo que quizá sepas tú mejor que quien te lo está contando, que son cosas desgraciadamente recurrentes en casi todos los debates informales, estás de enhorabuena, porque muy pronto la gente dejará de hablar contigo, pasarán de ti y no te invitarán a nada importante. Vas a dejar de aprender, pero vivirás feliz creyendo que cuando alguien no te replica es porque está de acuerdo con lo que has dicho, aunque al minuto siguiente esté diciendo a tus espaldas que no sabes de lo que estás hablando. Te encontrarás con un muro de respetuoso silencio.

Si es eso lo que quieres, tiempo de sobra para pontificar a tu gusto sin que nadie te cuestione y seguir viviendo en la inopia, por ese camino lo vas a conseguir. Pero si lo que quieres es aprender debatiendo, es mejor que te acostumbres a que alguien que no ha estudiado nunca climatología te explique lo que es El Niño porque lo ha escuchado en la tele.

Es algo que a mí, que soy catedrático de Física, me pasa todo el rato, no algo que te pase a ti por ser alguien joven que está empezando su carrera académica. A mí me trata con condescendencia hasta el frutero cuando le pido el tipo de tomate concreto que necesito para un guiso peruano, y el mecánico todas y cada una de las veces que llevo el coche al taller.

21

En el postgrado puedes reinventarte

Cuando las carreras eran de cinco años (licenciaturas), la formación universitaria consistía en tres años comunes y dos de un conocimiento más centrado en algunos temas, lo que se llamaba la especialidad. Por ejemplo, uno podía empezar Física y a los tres años elegir entre Astrofísica, Física del Aire, Física del Estado Sólido, Termodinámica, Física Cuántica, Física Electrónica o Física Teórica. Otro ejemplo era Filosofía y Letras, en la que podías empezar Geografía e Historia y después especializarte, en cuarto y quinto, en Geografía, lo que significa que la denominación de tu título oficial ocupaba dos líneas.

Hoy, y debido a una interpretación (a mi juicio defectuosa) del plan Bolonia, los grados son de cuatro años. Alguien que antes era licenciado en Filosofía y Letras, sección Geografía e Historia, especialidad Geografía, ahora es simplemente "egresado en Geografía" tras estudiar cuatro años.

Este esquema formativo ha parecido insuficiente en algunos sectores y se ha introducido la idea de que hace falta otro título, el de máster, que es de uno o dos años, y que sirve para especializar. El resultado neto es una formación de cinco años, como la de antes pero más costosa para el estudiante (porque el máster es más caro).

Sin embargo, el sistema tiene la ventaja de que ofrece la posibilidad de adquirir una formación más diversa, y también de reconducir en cierta medida la elección inicial. Hoy se puede, por ejemplo, estudiar la carrera de Química e ir derivando hacia la Física mediante un postgrado relacionado con esa materia, para luego doctorarse con una tesis en Física del Estado Sólido. Antes, ese tipo de operaciones, aunque muy deseables por la riqueza multidisciplinar que implican, eran extremadamente complejas y muy raras.

La elección del postgrado es tan difícil como la del grado (o tan fácil, si las circunstancias socioeconómicas no han variado y solo se puede elegir lo que está cerca de casa). Pudiendo elegir, es el momento de hacerlo. Con el grado ya se tiene una buena idea de en qué consiste esa carrera, y se puede optar por lo que más te haya gustado.

Es posible que, por ejemplo, al principio estudiaras física porque querías ser astrónomo. Luego te enteraste de que en realidad lo que tú creías que hacen los astrónomos en realidad lo hacen los astrofísicos. Y puede que te dieras cuenta de que esa rama de la física estaba muy bien, pero que había otras que no conocías cuando empezaste la carrera y que ahora te gustan más, como los materiales, el estado sólido o la física de la atmósfera. Tomaste una decisión crucial en tu vida profesional, con unos 17 años, pero ahora tienes la opción de rectificar.

Que no te dé miedo cambiar de idea sobre aquello a lo que te quieres dedicar realmente. No te aferres a una idea infantil más de lo necesario, por puro romanticismo. Sé práctico y escoge entre lo que te más te gusta. Si te sigue atrayendo lo que considerabas tu vocación, adelante, sigue por ahí; pero si has visto otras cosas, no te cierres. Uno no tiene por qué entrar en un edificio y quedarse a hablar con el portero por muy bien que le haya caído. Puedes explorar y descubrir nuevos mundos, dentro de una lógica.

Ahora, cuando te pongas a estudiar un máster, ya sí que tienes que empezar a pensar a qué te quieres dedicar el resto de tu vida laboral. Si quieres trabajar de meteorólogo, lo suyo es hacer un máster de eso. Si quieres dedicarte al estudio de la epigrafía griega, busca el máster correspondiente en el mejor sitio que te puedas permitir. Y lo mismo para todo el abanico de opciones que tienes hoy en día.

El máster se concibe en la sociedad, cada vez más —y eso es bueno—, como una manera de reconducir tu carrera una vez adquiridos los conocimientos básicos durante el grado. Durante el máster, y especialmente en el proyecto de fin de máster, es donde debes mostrar tu iniciativa y tu vocación. A veces se observa que los estudiantes no saben muy bien de qué tema hacer este trabajo, lo que antes se llamaba tesina, e incluso esperan del tutor que les proponga el tema. Esto es un error que muestra que no se está en el buen camino. Un buen director podrá hacer poco si no tienes motivación, porque su trabajo no es darte algo que tienes que traer ya puesto, sino orientarte para que puedas desarrollar tus ideas. Si no tienes ideas propias, tampoco va a poder ayudarte. La universidad no es el colegio.

Otra cosa es que el director del trabajo de fin de máster necesite a alguien para realizar tareas en sus trabajos con empresas o fundaciones. En ese caso no necesitas tener iniciativa. Bastará con que hagas lo que te diga.

El doctorado, como veremos más adelante, es otra cosa: es una hiperespecialización en un tema concreto que culmina tu carrera académica (es el último peldaño, no hay nada más allá del doctorado). En España solo es aconsejable cursarlo si te vas a quedar en la universidad. Algunas empresas multinacionales sí que lo valoran, pero las nacionales, generalmente, no.

El postgrado puede ser el final de tu vida universitaria. Es lo normal, lo que hace la mayoría de la gente. Empieza entonces el mundo laboral, el echar currículum a empresas o el prepararse unas oposiciones si se tiene vocación por el servicio público.

Algunos estudiantes se decantan por la enseñanza secundaria y hacen un curso de pedagogía o un máster de educación. En mi opinión, ese máster es no solo inútil, sino nocivo, aunque se haya convertido en título imprescindible porque la normativa lo ha decidido así. Es obligatorio tenerlo para presentarse a unas oposiciones de profesor de secundaria. Es una de esas barreras artificiales. Un monopolio creado para dar trabajo a un grupo de personas que no tienen una manera mejor de justificar su trabajo, a costa de cobrar 2.000 euros a cada estudiante.

Pero esto quizá sea un trauma personal. En el año en que estudié pedagogía me di cuenta de dos cosas: que los profesores de secundaria que nos daban el curso de adaptación pedagógica odiaban a los profesores de universidad y que lo que nos enseñaban no cumplía los estándares mínimos de solidez académica. Se trataba, en un 99%, de opiniones a un nivel muy inferior al de un ensayo, envueltas en un lenguaje críptico que, rascando un poco, se revelaba trivial y sin una base empírica sólida. Una mezcla de religión, ideología y mucho resentimiento porque otros habían sido más listos y habían llegado donde a ellos les habría gustado estar.

Hoy eso no ha cambiado mucho y además se han añadido otros problemas, como la manía por implementar metodologías estrafalarias que además son contradictorias con lo que se hace. Porque resulta muy difícil aceptar la crítica a la clase magistral y al método *tradicional* de enseñanza en secundaria cuando el que te lo está contando en el máster está haciendo precisamente eso: hablar desde la tarima durante hora y media obligándote a memorizar ideas enlatadas que se dan por buenas al aplicar el criterio de autoridad.

QUEDARSE EN LA UNIVERSIDAD

22

Estudiar para profesor de universidad

Llegado a un punto de tu vida académica, es posible que quieras convertirte en profesor de universidad. Eso está muy bien. No tengas reparo en decirlo. Es una profesión (la mía) muy bonita y no hay que avergonzarse de ser ambicioso.

Suelo decir a todo el que quiere escucharme que es el mejor trabajo del mundo. En esto, como en todo, mucha gente discrepa, pero yo en este tema en particular suelo ser más pesado de lo normal y tiendo a animar a todos los hijos de mis amigos a que consideren hacer carrera como profesor.

Lo mismo con mis estudiantes. Cuando era decano, a veces convocaba a algún alumno al que veía especialmente dotado con la idea de orientarlo y hacerle saber que existía la posibilidad de quedarse en la universidad. En la mayoría de los casos ellos se mostraban muy sorprendidos, e incluso asustados, como si les pareciera extrañísimo que alguien les desgranara los tipos de becas que hay, en qué consiste ser profesor, que se trata de una posibilidad real para cierta gente y que, si ese es su interés, tienen que empezar ya a cimentar una carrera.

Esto lo solía hacer en segundo o tercero. Solo en un caso lo hice con una estudiante de primer curso, alguien a quien veía especialmente enfocada a la docencia y con una gran vocación por enseñar a los demás. Lo primero que hice fue proponerle cambiarse de carrera a otra que iba a ser mejor para ella y luego le fui marcando los hitos en el mapa del territorio que tenía por delante.

Lo de hacer de orientador lo copié de uno de mis libros preferidos, *Stoner*, de John Williams. En una escena del principio, el profesor Sloane llama a un joven Stoner a su despacho para descubrirle su vocación como profesor. Me pareció una buena idea trasladar esa escena a la vida real. Por cierto: todo el libro es magnífico, es la novela tótem de los buenos profesores de universidad.

A los estudiantes capacitados para seguir este camino se les nota, y aunque ellos no se den cuenta, conviene orientarlos. No sucede en todos los cursos, no todos los años te encuentras con alguien especial, pero cuando encuentras a una persona que piensas que puede servir para esto, hay que ayudarla a encontrar su camino. En las tutorías personalizadas te asignan unos estudiantes cada año, pero no es lo mismo, porque pocas veces ocurre que te toquen a los que mejor podrías ayudar por su temperamento o a quienes podrían verte como alguien en quien confiar.

La carrera docente e investigadora es preciosa y, como decía antes, animo a todo el mundo que muestre alguna inclinación por dedicarse a ella. Pensarás que es lógico que diga esto, siendo catedrático de Física, pero no creas; tengo varios colegas que no serían tan entusiastas recomendando nuestro trabajo.

Creo que la carrera científica es vocacional. Este comentario resulta polémico, porque la vocación se ha entendido como una manera de justificar sueldos bajos, exceso de horas de trabajo, explotación laboral, no tener una vida fuera del laboratorio o la necesidad de soportar humillaciones, pero no quiero decir nada de eso. Todo eso está mal, o muy mal, y las universidades tienen que establecer leyes y normativas para evitar que suceda.

Lo que quiero decir es que hay que tener deseo de saber, inclinación intelectual y gusto por entender el mundo. También hay que regirse por una idea altruista del conocimiento; no considerarlo un instrumento para ganarse mejor la vida, sino principalmente como una forma de mejora de uno mismo y de la sociedad.

El tema de la vocación se critica también porque parece indicar que la ciencia, o la universidad, no es un trabajo normal, una actividad como cualquier otra, sino una en la que solo puede prosperar un tipo de persona muy característica. La famosa serie *Big Bang Theory*, que exagera los rasgos de este tipo de personas, convirtiéndolas, como hacen todas las comedias de situación, en personajes con rasgos muy marcados, refleja ese perfil.

Sheldon Cooper y sus amigos (los protagonistas) representan paródicamente la percepción popular de esos tipos de personas que estamos en ciencia. Como personajes de una ficción, Sheldon y sus amigos tienen atributos exagerados y comportamientos extraños y fuera de lo convencional. Todo el mundo entiende que al igual que las comunidades de vecinos no son como las de la tele (bueno, al menos, no todas lo son), la vida universitaria tampoco es exactamente así.

Pero debo confesar que esa parodia no se aleja mucho de lo que me encontré en Cambridge o en Caltech. No digo que todos los profesores de Física de Caltech sean como Sheldon Cooper, pero lo cierto es que muchos, un número bastante alto, preocupantemente alto, se parecen bastante. Y los que no lo hacen no se alejan mucho de los rasgos que encarnan los otros protagonistas. Gente peculiar, salvo quizá Bernadette. El perfil es el de estudiantes que decidieron no salir ya nunca de la universidad.

Caltech es la élite, y Cambridge también, así que mi experiencia al respecto quizá sea un mal indicador. En las universidades menos selectivas los profesores son más normales. Y también hay un sesgo disciplinar a tener en cuenta: los Sheldon Cooper son más comunes en física y matemáticas. En disciplinas sociales y en humanidades se dan otros tipos humanos, aunque no necesariamente menos peculiares; esto también hay que decirlo. También son gente rara. Como dice una canción española muy conocida, "no digo diferente, digo raro".

Esta gente rara es muy fácil de identificar. Lo que los hace raros es que les gusta leer. De hecho, son gente para la cual leer es una actividad de primera elección, no algo que se hace cuando uno se aburre, o cuando le obligan, o algo que tienes que cumplir para aprobar. Esta gente puede encontrarse ante la disyuntiva de jugar un partido de fútbol y leer y escoger lo segundo. O les pueden proponer ir a la verbena del pueblo y ellos seguirán prefiriendo quedarse en casa leyendo.

El gusto por la lectura es una rareza. Si tomamos a 100 estudiantes de un curso de secundaria, los lectores van a ser una exigua minoría. Incluso está mal visto. Mi abuela solía reconvenirme cuando me veía leyendo, como si eso fuera una anormalidad. Me decía que me fuera a jugar. Cuando, en verano, me sentaba por la mañana en la entrada de la casa con un libro, no había día en que no pasara una vecina y me preguntara que si me pasaba algo. Les parecía de lo más extraño que un niño aparentemente normal pasara allí las horas con un libro, como si no hubiera actividades más apropiadas para mí, desde robar higos del patio de una casa abandonada hasta tirar piedras a las ranas.

Quiero aclarar enseguida que si no eres del tipo retraído, de los que les gusta leer por encima de todo, también es posible que quieras ser profesor de universidad y que tengas mucha vocación. Y seguro que lo vas a hacer bien. Lo que he contado arriba no tiene por qué aplicársete.

Así como la mayoría de la gente no sabe qué hace un profesor universitario, tampoco saben qué tipos de profesor existen. Hay que distinguir entre los profesores funcionarios y los que aún no lo son, puesto que la aspiración de todo profesor contratado es una plaza permanente de servicio público. Los profesores funcionarios son los profesores titulares de universidad y los catedráticos de universidad. Antes teníamos las mismas categorías para escuelas universitarias, pero esa figura se eliminó.

Después están los profesores contratados. El sistema se está reconfigurando, pero hasta ahora las figuras han sido "profesor contratado doctor", "profesor ayudante doctor", y "profesor ayudante". La primera es permanente, un contrato indefinido. Las otras dos, temporales.

Lo normal durante mucho tiempo ha sido empezar de ayudante, ascender a ayudante doctor cuando se había completado la tesis y luego pasar ya fuera a contratado doctor o a titular. Tras un periodo como titular y tras acumular experiencia se llegaba a catedrático, la cima de la pirámide. Antes era necesario hacer muchos méritos para dar ese último salto, pero poco a poco se ha convertido en una cuestión de dejar pasar el tiempo haciendo lo normal. No obstante, y por diversas circunstancias que a veces poco tienen que ver con la valía personal (la vida es complicada; recuerda), no todos lo alcanzan. Sigue habiendo muchos más titulares que catedráticos y hay muchos profesores que se jubilan como titulares y no pasa nada.

La promoción de un nivel al siguiente se va haciendo tras pasar por unos filtros llamados acreditaciones que realiza una agencia nacional independiente, la ANECA, aunque también últimamente se ha puesto de moda que cada comunidad autónoma tenga su propia agencia para facilitar la cosa a los rezagados. La nueva ley de universidades, la LOSU, da otro paso en la misma dirección y fomenta los grupos de interés. La consecuencia directa es que cada vez va a ser más difícil ser profesor en un sitio diferente a aquel en el que has estudiado, una característica típica del sistema universitario español y que durante mucho se pretendió atajar con programas como el Ramón y Cajal.

Adornarse con el título de profesor de universidad está muy cotizado en ciertos medios, así que hay bastante gente que se acerca a la universidad a colaborar como "profesor asociado". En teoría, se trata de alguien que trabaja en otro sitio, un profesional, que dedica unas pocas horas a la semana a venir a la universidad a contarnos algo de su mundo. Cobran muy poco, una cantidad que no da para vivir, porque se supone que es un complemento por las molestias de venir a dar clase. A ellos les compensa también porque pueden contar a sus amistades que son profesores de universidad, lo cual no es del todo cierto. Sí, si uno ha sido contratado por el Real Madrid para jugar al fútbol si un titular se lesiona, puede decir sin faltar a la verdad que es jugador de ese club, pero si nunca ha jugado un partido, es discutible que los demás tengamos que considerarlo como tal.

En todo caso, la figura del asociado se ha retorcido, convirtiéndose en un contrato precario a tiempo parcial, es decir, alguien que no trabaja en realidad fuera, sino solo en la universidad. La razón de esta práctica defectuosa es presupuestaria. Las universidades, siempre mal financiadas, consiguen así dar más clases por muy poco dinero. Recientemente, y para intentar enderezar un poco el tema, se ha legislado para intentar arreglar esa anomalía.

En Cataluña tienen un sistema un poco diferente. Hay profesores contratados, no funcionarios, como los agregados y los catedráticos. Esto les permite cobrar más, porque los sueldos de los profesores funcionarios son bastante bajos comparados con los de otros países. El sistema funciona gracias a que en esa comunidad autónoma han decidido invertir más en eso. En el País Vasco y Navarra, también, aunque en estos dos casos esas comunidades reciben más dinero que el resto.

Si te animas a seguir la carrera docente pronto descubrirás que la trayectoria que se ha de seguir para convertirse en profesor universitario no es un camino de rosas. Como comentaré un poco más abajo, en los ochenta era relativamente fácil colocarse, pero hoy eso ha cambiado. Cada vez hay más gente interesada en este trabajo, pero el número de plazas disponibles no ha crecido mucho a pesar de que se han creado nuevos grados y universidades. Esto es así porque hay más grados, pero también menos estudiantes, tanto porque ahora se tienen menos hijos como porque resulta extraordinariamente difícil que los hijos de los inmigrantes lleguen a la universidad, algo que habría que arreglar con urgencia. Lo que genera plazas es que haya más estudiantes, no más carreras.

En teoría, la contratación permanente en la universidad se basa en criterios de igualdad, mérito y capacidad. En la práctica, es todo un poco más complicado. Pero antes de abordar otro tema controvertido, y para descansar un poco, hablemos de un paso imprescindible para hacer carrera: ser doctor.

23

El doctorado no es para todo el mundo

Según datos del INE, en 2018 había unas 207.000 personas con doctorado en España, lo que representa un 0,44% de la población española. Somos muy pocos.

El doctorado es un paso necesario para ser profesor titular o catedrático. En este país es casi su única función. En otros lugares sirve también para ciertos puestos en las empresas, pero no aquí. Tener un doctorado no te pone en mejor posición para conseguir un trabajo en ellas y a veces hasta te perjudica.

Dicho de otro modo, un doctorado solo se hace para quedarse en la universidad, trabajar en el Consejo Superior de Investigaciones Científicas (CSIC) o emigrar. La mayoría de las empresas españolas no lo valoran, aunque hay excepciones. La Administración tampoco. Cuenta muy poco en las oposiciones de, por ejemplo, profesor de secundaria, a pesar del esfuerzo que supone.

En España ni siquiera hay costumbre de utilizar el título en la vida corriente. A los médicos se les llama impropiamente doctores, como recordó Pedro Simón en una comparecencia durante la pandemia, y resultaría raro y confuso que alguien se dirigiera a un doctor en Filología por su título. En otros países no funciona así. En Inglaterra, se imprime en las tarjetas de crédito, y en Alemania, Suiza y Austria la gente además lo pone en los porteros automáticos de los edificios y en los buzones, usándose también en la vida social. En Alemania hasta se añade al pasaporte y al equivalente al DNI. Claro que en Inglaterra a la gente se la denomina *sir*, *lord* y *dame* cuando el rey les ha concedido esa distinción, cosa que aquí no hacemos, salvo en la prensa rosa, salpicada de marqueses y duques hereditarios que animan mucho las páginas del papel cuché.

Si quieres ser profesor universitario de los de verdad, tienes que ser doctor, aunque eso no te dé ningún prestigio social. Pero, como dice el título de este capítulo, el doctorado no es para todo el mundo. Eso no quiere decir que sea solo para los más listos o para unos elegidos; no, no es eso en absoluto. Si no eres de esos y te esfuerzas, también lo conseguirás, lo mismo que con la carrera. Tus condiciones intelectuales de partida son en gran medida irrelevantes. Cada vez más, el título se obtiene con tesis flojas, de esas que en un sistema realmente competitivo nunca servirían para alcanzar la cima de la carrera académica. Pero no es eso a lo que me refiero.

Lo que quiero decir es que hay gente a la que no le va a servir para nada, porque el camino al que conduce un doctorado no es el que están dispuestos a seguir ni el fin les va a satisfacer. Es como prepararse para ser fisioterapeuta si no te gusta tocar a las personas. Tienes que darte cuenta de que si lo consigues, si entras en fisioterapia, tu futuro más probable va a ser ese, tocar a personas todo el rato.

Con el doctorado pasa lo mismo. Si no es para intentar quedarte en la universidad o en un centro de investigación, lo más probable es que no te haga falta. Por otro lado, si resulta que no te gusta leer y escribir, tampoco te pongas a hacer un doctorado, porque tu futuro más probable si te fuera bien en esa dirección va a ser hacer precisamente eso todo el rato hasta que te jubiles y que, además eso, de retirarte, lo hagas tarde, a los 70 años.

No hagas un doctorado por inercia, porque no sabes qué hacer al acabar el máster y un doctorado parece lo natural. Perderás cuatro o cinco de los mejores años de tu vida y si no lo tenías claro desde el principio y no tienes expectativas de convertirte en profesor o en científico, solo servirá para frustrarte. Hay trabajos mucho mejor pagados fuera de la universidad y del CSIC.

Haz una tesis solo si no te imaginas haciendo otra cosa que investigar en el tema que hayas elegido o porque ser doctor sea la ilusión de tu vida. No lo hagas si no te gusta leer y estudiar en soledad, si no eres curioso o si no sabes trabajar por tu cuenta sin que alguien te diga lo que tienes que hacer o a qué dedicar tu atención y tu tiempo.

Tampoco lo hagas porque creas que vas a tener un trabajo mejor. La OCDE ha calculado que tenerlo aumenta tus posibilidades de encontrar empleo en un 5% respecto a tener solo un máster. Muy poca cosa para tanto esfuerzo. Hubo una época en que había pocos doctores. Entonces merecía la pena empezar una tesis, porque acabar un doctorado significaba un empleo seguro en la universidad. Pero eso sucedió en los años ochenta del siglo pasado. Hoy la oferta supera ampliamente a la demanda, y aunque el paro sigue siendo mucho menor entre los doctores que entre los que no lo son, acabar una tesis doctoral no te garantiza un trabajo, y mucho menos uno que sea acorde a tu formación.

Date cuenta también de que el doctorado es necesario para quedarte como profesor, pero no es suficiente. Hay menos plazas de profesor universitario que gente con doctorado que quiera serlo, por lo que existe un porcentaje de doctores no desdeñable que tiene que dejar la universidad cuando lee la tesis. Simplemente porque no hay un puesto para ellos. Gente que ha dedicado cuatro o cinco años de su vida a especializarse hasta límites insospechados.

Si, aun así, con ese panorama, te planteas hacer un doctorado, hay que ser realista. Si no has tenido buenas notas durante la carrera y el máster, es poco probable (aunque no imposible) que consigas un contrato de formación de personal universitario. Salvo que alguien te quiera contratar como mano de obra para sacar adelante un proyecto, tendrás que pagarte tú mismo el doctorado y —lo que es más gravoso— te pasarás al menos cuatro años sin ganar dinero. Si has estudiado Derecho, te sale mejor prepararte las oposiciones de fiscal o juez, entrar en un bufete grande o en una empresa que quedarte en la universidad. Quédate solo si esa es tu vocación, si eres una persona con vínculos afectivos con la institución o te gusta leer y la teoría del derecho en vez de litigar, pero no lo hagas para ganar dinero.

En todo lo anterior hay excepciones. Hay gente que nunca fue un estudiante brillante, que empezó un doctorado por aburrimiento y que acabó ganando un Premio Nobel. Pero ese caso es una excepción y las excepciones no son útiles cuando uno pretende ofrecer consejos generales que puedan servir a la mayoría de las personas, no a los casos raros, a esa gente que, por otro lado, suele saber qué hacer.

En este sentido, hay una anécdota, que seguro que es apócrifa, sobre Mozart. Alguien le preguntó qué debía hacer para escribir una buena sinfonía. Mozart le dijo que tenía que iniciar un largo camino, dedicar muchas horas al estudio para conseguir una formación muy profunda y así, algún día, después de mucho esfuerzo, quizá, tal vez, plantearse escribir una primera obra, que le llevase a una segunda un poco mejor.

—Pero, maestro —se supone que le preguntó el otro, perplejo—. Si usted escribió su primera sinfonía con 13 años...

—Ya —contestó Mozart—. Pero yo no pedía consejos.

Un doctorado es una aventura intelectual, pero también una inversión y una apuesta. Y ahí tienes que darte cuenta de dónde estás. Si tienes la suerte de pertenecer a una familia con buena capacidad económica, no dudes en empezar un doctorado en un tema específico que te apasione, aunque tenga pocas salidas laborales, como el análisis de la epigrafía griega en el mundo tardorromano, el estudio de la Mesta en la Castilla del siglo XVII o la concepción del espacio en Vermeer. Pero si no eres tan afortunado, piénsatelo antes de pasarte cuatro o cinco años profundizando en uno de esos temas tan fascinantes, sobre todo si no tienes claro que en el futuro vaya a haber una plaza para ti.

Mi consejo en ese caso es que elijas algo que, gustándote, te proporcione destrezas más transferibles, es decir, que aprendas algo que puedas emplear en otros ámbitos menos especializados. Esquiva las "tesis-nicho". Es cierto que, si haces una tesis en cualquiera de los tres temas anteriores, es posible que encuentres un trabajo en un museo, en un centro de investigación o en una fundación cultural, sobre todo si tus padres tienen contactos, pero mi experiencia tras observar cientos de casos me dice que es mucho más probable que pases mucho tiempo sin un trabajo estable y que cuando lo encuentres no tenga nada que ver con tu tema preferido.

En caso de que quieras hacer la tesis y tienes que quedarte en esos campos de conocimiento tan poco valorados fuera del ámbito académico, escoge temas más técnicos. Por ejemplo, "Técnicas láser para el estudio de la epigrafía griega", "Acervo genético del ganado castellano" o "Cromatografía de los pigmentos de la pintura holandesa". No te puedo garantizar que así encontrarás un buen trabajo, porque eso depende tanto del tema como de la persona, pero seguro que estarás en una mejor posición para conseguirlo.

Un consejo controvertido es que procures que tu director de tesis esté lo más alto posible en la jerarquía académica. Esto suele traducirse en que va a ser mucho mayor que tú, es decir, mucho más alejado de tu vida que un profesor más joven, pero tiene muchas ventajas. La primera es que estará más relajado, ahora que no tiene necesidad de escribir muchos artículos, dirigir tesis y conseguir proyectos para acreditarse. Otra es que tendrá más experiencia y una buena red de gente con la que ha ido colaborando.

¿Cuál es el lado negativo de esa elección? Que los catedráticos solemos estar demasiado ocupados con otras cosas (por ejemplo, escribir ese libro sobre la universidad para el que nunca hubo tiempo) como para poder ocuparnos de nuevos doctorandos. Dado que además las tesis ya no nos son necesarias para progresar en nuestra carrera, tendemos a escabullirnos y a decir que no. Te costará más que un catedrático quiera dirigirte una tesis que el que lo haga un profesor de niveles inferiores.

Te recomiendo que insistas. Busca al catedrático que te parezca más inteligente e insístele en que quieres aprender de él. Salvo que te diga que no tiene dinero para contratarte, sigue insistiendo. Como es natural, para convencerlo, suele ser útil haberse leído lo que haya escrito, comentar su trabajo con conocimiento, mostrar iniciativa, explicarle qué esperas de su dirección, por qué le has elegido a él y hacerle ver en qué aspecto concreto le va a venir bien enseñarte. Y es que, en general, la gente tiene más inclinación a colaborar si ven que van a sacar algún provecho de la relación. Hay santos, pero son escasos.

El provecho que saque alguien así de enseñarte puede ser de varios tipos. En el nivel más bajo, te verá como mano de obra para avanzar en sus objetivos académicos. Pero a poca suerte que tengas, lo hará porque es su deber y encuentra una gran satisfacción en hacer el tipo de acciones que contribuyen a que las nuevas generaciones continúen creando conocimiento.

24
Becas y contratos

Si estás pensando en dedicarte a la investigación, quedándote en la universidad, sería conveniente que consiguieras una beca de colaboración o algún tipo de contrato con el profesor o grupo con el que quieras trabajar. Si nadie te ha ofrecido nada, pero a ti te interesa, no pasa nada. Busca alguien con quien creas que puedes aprender y pégate a él. Los valores se enseñan teniéndolos, así que elige bien.

La tendencia natural de un estudiante sensato es la de preferir los profesores más simpáticos, accesibles y enrollados, de esos que salen de cervezas con los estudiantes. Nada que objetar, pero asegúrate de que haya algo más tras la fachada. Y no descartes de entrada a los profesores escurridizos, tímidos u hoscos. Dales una oportunidad. Quizá sean así —lo cual tampoco es algo intrínsecamente negativo— o tal vez es que están demasiado ocupados trabajando como para socializar por las tardes. O tal vez sean personas maduras que prefieren a los de su edad.

Este último tipo de profesor se sorprenderá mucho de que alguien quiera irse a trabajar con él y quizá no te prometa nada más que mucho trabajo y poco sueldo, pero también es posible que te ponga en la dirección correcta. Lo ideal sería que iniciaras algún trabajo con él mientras acabas los estudios de segundo ciclo, ya sea a través de un trabajo de fin de grado o de máster. Esto te permitirá tener más opciones a la hora de solicitar un contrato.

Para quedarse en la universidad, conviene empezar a cobrar, y cuanto antes. Trabajar gratis es un privilegio que quizá puedas permitirte si perteneces a una familia acomodada, pero no todo el mundo tiene esa suerte y lo normal, y lo razonable, es que necesites un sueldo para mantenerte.

Hay dos contratos principales para hacer un doctorado: el FPU (formación del personal universitario) y el FPI (formación del personal investigador). Su duración es de cuatro años en ambos casos y se cobra más o menos lo mismo. La forma de conseguirlos es, no obstante, muy diferente.

Que te concedan un contrato FPU depende, fundamentalmente, de tu expediente académico. Ha de ser muy bueno, de sobresaliente, pero además has de haber tenido ya cierto contacto con el grupo al que pretendas incorporarte, porque también se valora la participación en proyectos y que hayas colaborado en algún artículo. Esto es difícil de hacer por tu cuenta. La convocatoria es nacional y la evaluación es externa al grupo al que quieras incorporarte o al profesor con el que quieras aprender.

El FPI es diferente. Este viene asociado a la concesión a un profesor de un proyecto de investigación que se conoce popularmente como plan nacional. Los proyectos mejor evaluados en cada categoría reciben uno de estos contratos y es el investigador principal quien se encarga de marcar el baremo para contratar a quien considera que es la persona más adecuada para el trabajo que tiene que llevarse a cabo. Porque estos proyectos luego hay que hacerlos (hay gente a quien esta parte se le olvida) y contar con alguien competente es vital.

El sueldo en ambos casos es muy bajo, porque estos contratos se conciben como ayudas para seguir estudiando, es decir, para el tercer ciclo de la educación superior, el doctorado. La lógica, que puede ser discutible, es que en vez de pagar tú por obtener esa formación es el Estado quien te paga para que te formes. Es lo que antes se llamaba una beca, pero que con los diferentes cambios normativos y denominaciones se ha transformado en un contrato, lo que quiere decir que cotizas a la seguridad social, es decir, que, formalmente, empiezas a trabajar. Pero a mucha gente todavía se le escapa y habla de becas FPU y FPI, para irritación de otros. En la práctica, cualquiera de las dos te convierte en un estudiante de doctorado que cobra algo, lo cual es mejor que no cobrar nada, que era lo que hiciste en los cursos anteriores, durante el máster y el grado.

Tu relación con el investigador principal del proyecto (universalmente designado por sus siglas: IP), o con la persona que te ha avalado para el FPU, es muy similar en ambos contratos. No cometas el error de pensar que eres independiente y que puedes hacer tus propias investigaciones porque tengas un contrato con la universidad, que es una idea que por alguna razón ha empezado a circular hace unos años. La plena libertad docente e investigadora la tendrás cuando apruebes una oposición y seas profesor titular. Mientras tanto, tienes un jefe, que es quien te marcará lo que tienes que hacer.

Tu trabajo durante ese periodo será sacar una tesis doctoral. Ello implica emplearte a fondo en un conjunto variado de tareas, entre las cuales se incluyen la docencia, hacer experimentos, leer mucho y escribir.

Ahora se hacen muchas tesis mediante el sistema de compendio de artículos, que consiste en empaquetar tres o cuatro artículos científicos que tú hayas escrito (o en los que hayas colaborado de manera decisiva), publicados en revistas reputadas y añadirles una introducción y unas conclusiones. Antes el formato de la tesis solía ser el de un tocho monográfico inédito, lo que ofrecía más libertad. El precio era que se esperaba cierta extensión, del orden de cientos de páginas, salvo que resultase tan revolucionaria que eso justificara dejarla resuelta en unas pocas páginas. La lógica del nuevo método es que cuando acabas la tesis ya tienes unos cuantos artículos publicados y que eso te pone en una mejor situación para continuar con tu carrera investigadora. Este cambio es una consecuencia de la creciente competencia en la carrera investigadora, que es algo que puede echar para atrás a mucha gente valiosa.

Es importante que en ese periodo des todas las clases que puedas. Los contratos tienen un límite superior bastante bajo, de 80 horas al año, así que procura llegar a él. Te servirá no solo para satisfacer el deseo de ascender, sino para adquirir soltura en el aula, que es algo que solo se puede aprender dando clase. La teoría docente está muy bien, pero la experiencia —como en casi todo— es un grado. A dar buenas clases se aprende sabiendo mucho de lo que explicas y dando muchas clases.

La dificultad que te puedes encontrar a la hora de que te asignen docencia es que no te quieran dar horas, ya sea porque tu jefe (porque es tu jefe; no te engañes) no quiera competencia (no es raro que los estudiantes prefieran al "becario", que tiene casi su edad, que al viejo o la vieja) o porque prefiera que no te distraigas y que saques publicaciones. Si fuera así, insiste en que quieres dar clase. Es bueno para tu carrera, incluso si piensas dedicarte solo a investigar en una institución como el CSIC.

Si consigues un contrato para hacer el doctorado, empezarás una nueva etapa en tu vida, llena de incertidumbres y de desafíos. Es emocionante si tienes vocación, porque estás exactamente donde siempre has querido estar y cuentas con un pequeño colchón que te permite evitar ese negro pozo sin fondo de sentirte explotado por tener que trabajar gratis. En caso contrario, si lo tuyo no es vocacional, lo más probable es que abandones o que ese duro proceso formativo te acabe perjudicando. Ten en cuenta que una buena parte de lo que tienes que aprender, quizá lo más importante, es trabajar sin mapa, sin orientación y a oscuras, abriendo tu propio camino. Es, en el fondo, una aventura.

Esto es algo que muchos doctorandos no comprenden. Una investigación novedosa es un como un tesoro escondido en un lugar remoto e inaccesible. Si existieran mapas e indicaciones para llegar a él, ya lo habría encontrado otro. No tiene sentido que pidas instrucciones concretas a tu director de tesis para llevar a cabo lo que nadie ha hecho nunca, que es a lo que debería aspirar tu investigación. Te puede dar pistas, basadas en su experiencia en casos similares, pero no esperes la voz de Nikki García en el GPS de tu doctorado.

25

Las estancias en el extranjero

Al igual que aconsejo a todo el mundo hacer una Erasmus, a todo el que se quiera dedicar en serio a la investigación le recomiendo que se pase unos cuantos años en el extranjero, ya sea como parte del doctorado o después. Dos o tres años es un tiempo suficiente para que la experiencia cale y transforme a la persona (seis meses o menos no deja de ser una excursión larga), pero no tanto como para despegarse por completo de las especificidades de nuestro querido país, que son muchas y buenas.

¿Qué proporciona una estancia? Lo primero, ver en acción una forma diferente de trabajar. Si uno no ha salido del departamento en el que empezó, se habitúa a una serie de dinámicas y acaba creyendo que el resto del mundo de la ciencia o las humanidades funciona de la misma manera, lo cual no suele ser cierto. En unos sitios las relaciones personales son muy importantes y en otros son más profesionales. En unos sitios la gente es más joven y en otros, mayor. En unos buscan escribir muchos artículos y en otros, hacer pocos, pero buenos. Hay mucha variedad.

Lo segundo por lo que es necesario salir es para aprender nuevas técnicas y métodos, o al menos otros diferentes. Si tienes la suerte de que te acepten en un buen sitio, es probable que tengas acceso a equipos avanzados y eso mejorará mucho tus capacidades técnicas. En otros lugares podrás trabajar con quienes realmente inventaron una técnica popular en tu campo, lo cual es un auténtico lujo.

La tercera razón es para vivir otra cultura. Es por ello por lo que creo que seis meses o un año es poco tiempo. Para embeberse de otro país es necesario ver pasar las estaciones, una cierta repetición de las cosas, desembarazarse de lo habitual. Unos pocos meses transcurren de manera lineal, como un paréntesis, y eso no deja demasiado impacto en la persona. Sentirse de allí es muy difícil si se está de paso y lo verdaderamente importante de sumergirse en otra cultura es entender su forma de vida y el modo en que ven el mundo. Eso es lo que te cambiará más.

La cuarta razón es, por supuesto, adquirir el dominio de otro idioma, para lo cual tendrás que esforzarte en hablar todo lo posible con los nativos y no solo con la pequeña comunidad de españoles que ya hay en casi todos los sitios, y que suele ser el foco social de las relaciones de los expatriados. Huye de ese círculo o volverás sin hablar bien el idioma del país al que emigraste.

Un error muy común es utilizar las estancias solo para conseguir puntos. El sistema de incentivos del profesorado las lista como mérito, lo cual ha generado lo que se conoce como un "incentivo perverso". Se realizan estancias cortas, en realidad meras visitas de cortesía, con el fin de que el centro de acogida firme un certificado que luego se añade a la documentación de méritos. El mínimo suele ser un mes, así que no es raro ver certificados de un mes y un día.

En tan breve intervalo no hay tiempo material para realizar ninguna investigación seria. Se puede ir a realizar un experimento, a dar una charla o medio de vacaciones, pero eso pervierte la lógica de preferir a los que han pasado un tiempo fuera por poseer una formación específica y una perspectiva más amplia de su campo.

Un buen indicador de quién ha ido de paseo y quién a trabajar e integrarse son las publicaciones a que ha dado lugar la estancia. Si no se puede firmar como miembro del grupo de acogida, no se trata de una verdadera estancia.

Otro indicador es la fuente de financiación. Si el investigador ha sido contratado en el extranjero y forma parte de la plantilla, estamos ante una verdadera estancia. Si los fondos provienen de becas o ayudas españolas, diseñadas en muchos casos para "hacer currículum y poder acreditarse", entonces no. Tener trayectoria internacional consiste en que alguien fuera de España te ha contratado para realizar un trabajo, no en que te dejan una mesa y una silla porque no les cuestas nada. En algunos casos hasta se paga al sitio de acogida para que te acepten, en plan alquiler de espacio, lo cual supone una degradación completa del concepto.

Para que la estancia sea útil, ha de ser larga. Puede ocurrir que conozcas a alguien allí, formes una familia y te acabes asentando. Tampoco hay necesidad de volver. Como contaré después, yo regresé porque surgió una buena oportunidad, pero creo que me habría acostumbrado a vivir para siempre en Inglaterra. Si llevas mucho tiempo fuera y te va bien, porque consigues proyectos y recursos, es muy posible que te plantees quedarte. La vida académica en otros países es mucho más competitiva que aquí, incluso una vez que has alcanzado un puesto fijo, pero puede merecer la pena si eres de los científicos vocacionales. Los sueldos son mucho más altos, el doble o el triple que aquí, y aunque tengas que ahorrar para la jubilación y pagar un seguro médico carísimo, si piensas regresar a España, es posible que en unos años hayas ahorrado bastante.

En otros casos, no. Si estás, por ejemplo, en Escocia, rodeado de obreros que trabajan en las plataformas petrolíferas, tu sueldo será comparativamente mucho más bajo que el suyo, y serás más bien pobre, considerando que el coste de la vida es alto. Verás que los soldadores se pasean en sus *lambos* mientras tú apenas llegas a fin de mes.

También debo decirte que si llevas mucho tiempo fuera y no has conseguido un puesto fijo, sino que vas encadenando contratos de tres años en diferentes destinos, tal vez sea el momento de plantearte dejar el mundo académico. No es ningún desdoro, ni un fracaso. No siempre se tiene suerte, se está en el sitio adecuado o se trabaja en un campo en el que haya recursos para todos.

En las empresas extranjeras se valora tener un doctorado y los sueldos son mucho mejores que en la universidad o en los institutos de investigación. Puedes ser muy feliz también trabajando en esos lugares, algunos de los cuales tienen departamentos de investigación propios que superan en medios a los de los centros públicos.

También existen multitud de fundaciones, organizaciones y empresas que buscan personal con tu cualificación y tus capacidades. Todo es cuestión de encontrar tu lugar. Como te decía al principio, el mundo es mucho más grande de lo que piensas.

26
Qué hace un profesor universitario

Creo que este capítulo gustará especialmente a mis colegas, hartos de que allá a finales de mayo, todos y cada uno de los años, todo el mundo les diga: "¡Qué!, ¿ya de vacaciones?".

Y es que la mayoría de la gente no sabe que dar clase es solo una pequeña parte de nuestra actividad académica. Mucha gente piensa que un profesor universitario es como uno de instituto o como un maestro, solo que dando menos clases. La realidad es que el parecido acaba en que los tres hablan subidos a una tarima para que se los escuche mejor.

Los maestros cuidan niños e intentan inculcarles hábitos de trabajo y de lectura. Los profesores de secundaria tratan con adolescentes, lo cual ya de por sí es para ganarse el cielo, pero no investigan. No es su trabajo ni su obligación, además de que ni están formados ni tienen medios para ello. Su función es transmitir conocimiento consolidado, cultura general, en la edad en la que se puede cimentar una base sobre la que construir.

Los profesores de universidad dedicamos la mayor parte del tiempo a la ciencia, a la gestión y a conseguir recursos para completar con éxito proyectos complejos. Nosotros transmitimos conocimiento en la vanguardia del campo de estudio, pero además tenemos que investigar, y eso no consiste en indagar por internet, como contaré en el capítulo siguiente, sino en crear conocimiento.

Es cierto que hay algunos profesores universitarios que no dan un palo al agua: gente que jamás ha dirigido un proyecto de investigación competitivo, que nunca ha escrito un artículo o que no se ha preocupado de actualizarse, pero son los menos. La mayoría se toma en serio su trabajo y, además de dar clases en la frontera de su campo, con la idea de que la nueva generación vaya más allá, se dedica a inventar cosas nuevas, a descubrir lo que no se sabía y a abrir el conocimiento humano a nuevas dimensiones. De alguna manera, están escribiendo hoy lo que no aparecerá en internet hasta dentro de varios años.

En el capítulo siguiente lo explico con más detalle. Antes quiero hablar un poco más de la docencia universitaria, la cara más visible de lo que hacemos los profesores.

En comparación con los de instituto, damos muchas menos clases, sí. La razón no es solo la investigación, sino también que nuestra enseñanza es mucho más especializada y no solemos repetir las ideas, ya que vamos mucho más deprisa (porque hay mucho más que contar y que hacer). Pero la investigación es la esencia de la universidad. Todo gravita a su alrededor, incluyendo las clases. Estamos obligados a actualizarnos constantemente, leyendo lo que se publicó anteayer sobre nuestro tema, y a transmitir ese conocimiento a la sociedad. Eso se traslada a las clases y, cómo no, a nuestra propia investigación.

Además de las clases, tenemos que buscar proyectos que financien las investigaciones, y eso lleva tiempo. Al contrario de lo que piensa casi todo el mundo, los laboratorios de investigación no te los proporciona la universidad para que tú investigues en lo que quieras. Te los tienes que montar tú mismo a través de proyectos competitivos.

Para sacar adelante tu proyecto, tienes que colaborar con otros investigadores de forma que se pueda lograr entre todos lo que no se puede conseguir por separado. La tarea de coordinación y de aportar lo mejor de cada uno, que implica gestionar personas, lleva mucho trabajo. Pedir dinero escribiendo proyectos cuya tasa de éxito puede ser inferior al 10%, también, y a veces puede ser muy frustrante. Es algo que no todo el mundo está dispuesto a sufrir.

Parte de la imagen popular sobre el profesor universitario que no investiga se arrastra de una época ya pasada. Corresponde al estereotipo de profesores que se están jubilando en este momento. Pero la universidad ha cambiado mucho desde los años ochenta, y no digamos desde la época franquista.

Un profesor de Física al que yo apreciaba mucho dijo en su despedida lo siguiente: "Nunca he dirigido una tesis, nunca he dirigido un proyecto. Apenas si he escrito algún artículo. Solo espero que cuando alguien me recuerde diga: 'No daba mal las clases'". Efectivamente, aquel profesor, que en gloria esté, no daba mal las clases, y sirva este párrafo como homenaje póstumo. Llegaba al aula, lanzaba su sombrero a la percha (más de una vez se le escapó por la ventana) y bordaba unas explicaciones claras sobre algo que puede resultar intrincado, el cálculo tensorial. No era lo que se suponía que tenía que ser un profesor universitario, una combinación de investigador y profesor, pero cumplía notablemente bien con la segunda de las funciones, la de dar bien las clases. No llegó a catedrático, pero eso tampoco le importaba.

Pero, como digo, hoy en día esos casos son residuales. Es cierto que un porcentaje no desdeñable de los docentes de entonces llegó al puesto gracias a un real decreto de 1983 que convirtió a los profesores no numerarios en fijos, sin otro filtro que el haber permanecido cinco años trabajando en la universidad. Así entraron verdaderas nulidades que además taponaron el acceso a la universidad durante décadas, al cubrir todas las plazas disponibles. Pero los profesores de hoy somos muy diferentes, y además hay muchas excepciones a eso que acabo de escribir de una manera tan cruda.

También sucede que la mayoría de la gente no sabe cómo se llega a ser profesor universitario y que eso distorsiona la percepción popular de nuestro trabajo. Están los que piensan que es una especie de coche escoba para los que no sirven para otra cosa, en la línea del dicho que afirma que "el que sabe hace y el que no enseña", y los que creen que se trata de puestos dados a dedo.

Es cierto que en la mayoría de las universidades tienen unos niveles de endogamia terroríficos, en muchos casos superior a un escandaloso 70% (ese umbral lo superan las universidades de 12 de 17 de las comunidades autónomas), pero eso tiene que ver con lo mal pagada que está la profesión en España. Mi comunidad autónoma, Castilla-La Mancha, y Navarra son la excepción, las dos con el menor número de profesores que hicieron su tesis en ella ("solo" un 54% y un 50% respectivamente), así que creo que puedo hablar con cierta libertad sobre el tema[1].

Los que hemos entrado en la universidad "de paracaidistas", como se dice en la jerga, desde otra universidad española o desde el extranjero, somos una exigua minoría. En mi caso, llegué a mi puesto actual a través de un contrato Ramón y Cajal, un programa que se inventaron en España para la recuperación de cerebros fugados.

Me apresuro a aclarar que no es que yo sea un cerebro. El programa lo implantaron en el año 2001, cuando yo ya llevaba un año en Inglaterra trabajando como investigador. Esto fue una agradable sorpresa, porque al marcharme no existía ninguna posibilidad de regreso; el programa aún no se había creado. De hecho, tampoco existía ninguna figura para trabajar de "postdoc" en España. Ahora está ese programa, el Juan de la Cierva, el Margarita Salas y un largo etcétera, pero entonces no había nada. Me fui sin billete de vuelta y de hecho sin muchas esperanzas de regresar a España, y me encontré con que estando allí el ministerio dio la posibilidad de volver.

---

1. Soy consciente de que, siendo la tasa de endogamia cercana al 75%, habrá tres cuartos de mis compañeros de profesión a los que el tema les resulte incómodo, pero debo decir dos cosas: una, que la endogamia es la consecuencia de una estructura laboral de extrema precariedad, en la que resulta casi imposible la movilidad (los casos como el mío son las excepciones). Y otra, que tengo compañeros que son realmente buenos profesores y científicos a pesar de no haber salido nunca de la universidad en la que estudiaron y haber conseguido todas las promociones en oposiciones *ad hoc*. También en Cambridge o Caltech fichan a quien les parece y el nivel es excelente. El problema más grave es que, como le ocurrió al ejército en la época de la Transición, la endogamia produce un enorme desprestigio al cuerpo, al percibirse como cerrado y sujeto a redes clientelares, algo intolerable en una sociedad abierta. Un segundo problema también serio es que mina la credibilidad y la autoridad académica de los que se han beneficiado de ella. Cuando alardean y alguien de fuera les recuerda cómo llegaron al puesto, no tienen más remedio que plegar velas. Y el tercero es que obliga a los que están a la cola, esperando su promoción, a ser dóciles con los que algún día les van a dar la plaza, y eso impide la innovación y la emergencia de nuevas ideas y líneas de investigación.

Solicité un puesto. La primera vez no me lo dieron. Adujeron que mi proyecto era demasiado ambicioso; la razón clásica que suele alegar el que ha intentado algo sin conseguirlo cuando ve que otro lo quiere hacer. Al año siguiente hice un segundo intento, con el mismo proyecto, pero cambiando de área de conocimiento. Solicité dos áreas diferentes (en aquellos años se podía hacer eso): Ciencias de la Tierra e Informática. Yo no conocía a nadie en ninguno de los cuatro tribunales (dos por área) que me juzgaron. A ellos sí que les convenció mi propuesta. De hecho, me concedieron la Ramón y Cajal en las dos áreas[2] y pude elegir. La moraleja es doble: hay que perseverar si estás seguro de lo que haces y, como en el cuento del patito feo, puede suceder que quieras encajar en el sitio equivocado; uno en el que no aprecien tus capacidades e ideas porque te vean como de otra especie.

Yo tuve la suerte de que se crearan estos contratos postdoctorales y eso me permitió progresar primero como profesor titular de universidad y luego como catedrático. Pero, como digo, soy una excepción. El camino habitual para llegar a catedrático es muy diferente.

Es muy posible que no todos los profesores con los que te encuentres hayan superado tantas evaluaciones independientes y es hasta probable que los casos que conozcas no sean "el cuchillo más afilado del cajón", como dice una expresión inglesa, pero te puedo asegurar que, de media, la calidad intelectual de esta profesión excede en mucho a lo que te vas a encontrar fuera.

---

2. En convocatorias sucesivas se cambiaron los requisitos. Ya no fue posible presentarse a dos áreas diferentes, y se suprimió el tener que presentar un programa de investigación, empezando a darse mucha más importancia al número de artículos publicados. Pasados unos años, el programa se volvió más competitivo, al haber cada vez más gente que se iba con la idea de poder optar a regresar una vez alcanzado un número suficiente de años en el extranjero (otro "incentivo perverso"). En la actualidad, se ofertan pocas plazas y es extremadamente difícil conseguir uno de esos contratos.

Como decía al principio del libro, si eres un estudiante, aprovéchate de tus profesores. No solo en el aspecto académico, sino también en lo personal. A pesar de que la mayoría hayan llegado al puesto "por invitación"[3], el ecosistema académico permite ir puliendo a las personas que han tenido la suerte de llegar hasta aquí por casualidad, sin poseer méritos intelectuales sobresalientes o con una cultura ramplona. Los profesores con los que te vas a encontrar suelen ser personas cultivadas por años de tranquilidad y reflexión, con un grado más de penetración que la media y educados en el trato.

Un profesor no tiene por qué ser accesible, ni querer compartir contigo lo que ha ido aprendiendo durante su vida, pero puedes aprender mucho con su ejemplo. En general, es mejor fijarse en lo que hace la gente que en lo que dice, pero los profesores tienen una particularidad: suelen escribir libros, y es ahí donde encontrarás una versión más refinada de ese humano que ves en clase. Escribir es más una forma de ser que de decir. Aunque los libros de un profesor no tengan nada que ver con dar consejos o con hablar de cómo ven la vida, las personas se traslucen a través de sus escritos. Incluso cuando escriben de temas muy técnicos, como la física o el derecho. Cierto es que hay profesores ágrafos, pero son raros, y ese mismo hecho ya enciende una alarma.

Para acabar este capítulo, no me resisto a intentar despejar un malentendido. Se critica a menudo que el profesor haya escrito un libro para su asignatura, porque se piensa que lo que pretende es lucrarse a costa de sus estudiantes.

En realidad, los beneficios económicos para el autor de los libros académicos no compensan en absoluto el tiempo dedicado a escribirlos. Sale mucho más a cuenta ir al gimnasio a moverse, aprender a bailar o pasear por el parque que encerrarse a poner en orden las ideas para dar una clase mejor, pero eso los estudiantes

3. Hay que decir que en esto la universidad no difiere mucho de otros ámbitos laborales. En empresas, hospitales o en la política también funciona el amiguismo, también es un problema, y también tiene su explicación socioeconómica. Pero este es un libro sobre la universidad.

no lo saben. Por alguna razón incomprensible, quizá por una desconfianza inherente a la relación profesor-alumno, los estudiantes creen que es una trampa.

El lector pensará que se me ve el plumero y que soy de esos profesores con un texto de lo suyo, y tendrá razón: en un verano convertí mis apuntes de física en un bonito libro que se vende en las librerías, pero acordé con el editor ponerle un precio tan popular que cualquier asesor de inversión consideraría que no sé mucho de finanzas. Mi intención no era ganar dinero, sino que mis estudiantes tuvieran siempre a mano lo que cuento en el aula. Cuando yo era alumno, me fastidiaba mucho no saber de qué libros se sacaban las clases y me prometí que cuando fuera profesor les ahorraría a mis estudiantes la pérdida de tiempo de andar adivinándolo.

La traducción al lenguaje-estudiante de mis nobles intenciones fue el consabido "el profesor nos obliga a comprar su libro para aprobar", pero como yo les digo el primer día de clase, podéis elegir entre seguir mi libro, que recoge literalmente lo que digo en el aula y que solo tiene 300 páginas, o el de Paul A. Tipler, que cuenta casi lo mismo de otra manera, pero que tiene 1.500, de las cuales solo da tiempo a explicar unas pocas. Y, por acabar de justificarme, tampoco tienen que comprar mi libro; hay varias decenas en la biblioteca gracias a mis compañeros de área, que, entusiasmados por mi texto, pidieron rápidamente montones de ejemplares.

También les decía a mis estudiantes que otra ventaja de mi libro era que si tenían alguna duda sobre algún párrafo me lo podrían preguntar en persona, mientras que si querían preguntarle a Tipler iban a necesitar una *ouija*.

27

Qué es la investigación científica

Es un hecho que poca gente sabe qué hace en realidad un profesor universitario, o cómo llega uno a entrar en el cuerpo, pero además pocos conceptos son más extraños al público que la verdadera naturaleza de la investigación científica.

Algunos pueden pensar que investigar es buscar cosas en internet. Lo confunden con *indagar*, que es un verbo que apenas se usa, pero que vendría muy bien para diferenciar ambas tareas. Pueden creer que *investigar* sobre historia medieval es buscar en internet sobre ese tema para luego poder perorar durante horas sobre el asunto, y que cuando un profesor universitario dice que dedica muchas horas a *investigar* lo que hace es eso, buscar cosas en internet para luego contarlas.

La mejor manera que he encontrado de explicar lo que hace un investigador es asociarlo con el concepto de inventor. Esto tiene un doble filo, porque en la mentalidad popular, construida por la televisión, un inventor suele ser un señor chiflado. Casi nadie asocia el concepto a, por ejemplo, una mujer mirando tranquilamente por un microscopio para curar el párkinson. Pero lo cierto es que la investigación científica tiene más de invención que de búsqueda en internet.

La investigación científica, la buena, consiste en intentar descubrir algo nuevo mediante la reflexión sobre una serie de observaciones obtenidas en experimentos muy bien diseñados. Para ello hay que observar el mundo por uno mismo, no lo que han dicho otros sobre él, aunque esto último sí que forme parte del trabajo que uno tiene que hacer para no reinventar constantemente la rueda. Más que en buscar, la investigación consiste en pararse a mirar y luego pensar.

Se espera que un buen investigador sea un líder mundial en su campo de estudio, alguien respetado por sus iguales en otras partes del mundo y con cierto predicamento en aquello a lo que ha decidido dedicarse, aunque la satisfacción última por el trabajo bien hecho solo puede ser personal.

Algo a destacar en este capítulo es el concepto de *investigación básica*. Consiste en un conocimiento sobre cómo funciona el mundo a nivel elemental, sin una aplicación directa. Es la parte de la ciencia más importante, porque es muy difícil encontrar algo nuevo en algo fundamental, de base. Una vez que se descubrieron los electrones, se pudo empezar a dominar la electricidad con mucha rapidez, y apenas han pasado cien años y ya tenemos ledes, láseres e internet, pero tuvieron que transcurrir siglos hasta que se estableció su existencia. Eso, encontrar que la materia está formada por una serie de partículas, entre las que se encuentra el electrón, es un ejemplo de investigación básica. El resto, saber qué hacer con los electrones, es ciencia aplicada.

Es habitual que al principio nadie sepa qué hacer con los descubrimientos fundamentales. Cuando Michael Faraday descubrió la corriente eléctrica, un político le preguntó para qué servía. Algunas versiones dicen que Faraday le replicó que para qué sirve un niño recién nacido y otras, que le dijo que no lo sabía, pero que estaba seguro de que en unos años ese político le pondría un impuesto. No se equivocaba.

Con la ciencia aplicada también ha sucedido. Thomas Edison, que era muy astuto, creía que el fonógrafo que había inventado, que permitía escuchar música enlatada, era algo sin futuro comercial. Se equivocó, claro. Con el cine pasó igual, y lo mismo respecto al correo electrónico. Cuando surgió este último, muchos pensaron que era una complicación innecesaria en comparación con la acción mucho más simple de enviar una carta. Hoy, ya casi nadie envía cartas.

Para investigar bien y descubrir cosas, se necesita un ambiente de libertad que solo se puede calificar de radical. Los descubrimientos requieren su tiempo, surgen de la creatividad, y esta es una flor delicada que, como los nenúfares, solo vive en aguas tranquilas (creo que la metáfora es de Santiago Ramón y Cajal). Tener a un jefe diciéndote lo que tienes que hacer, cumplir unos plazos, dar explicaciones, seguir un horario o pasarte el día rellenando papeles forma parte del tipo de cosas que perturban la tranquilidad necesaria para que los creadores lleguen más allá de lo que llegaría cualquiera.

Para ser creativo, tienen que dejarte en paz. El Estado moderno, en oposición a los sistemas políticos anteriores, entendió pronto que los científicos eran útiles para el progreso del país y les ofreció un ambiente adecuado, calmo y recogido, equivalente al de los antiguos monasterios y conventos. No en vano al cuerpo de profesores se le sigue llamando claustro. Pero les dio algo más, algo importante. El Estado se dio cuenta de que si quería que sus científicos fueran productivos, tenía que protegerlos además de dejarlos en paz, así que poco a poco se fueron imponiendo nociones como la libertad de cátedra, que es el derecho fundamental que tenemos los profesores a contar nuestra materia siguiendo la doctrina que mejor nos parezca. Asociada a la libertad de cátedra está la de investigación, el derecho a investigar en lo que uno quiera, sin cortapisas y sin que te pidan explicaciones.

Sin embargo, hay gente que esto no lo entiende bien, pensando que se puede enseñar la doctrina que se quiera siempre que sea conforme a la norma o al consenso científico. Pero eso es exactamente lo que protege ese derecho, la desviación de la norma y la heterodoxia.

En teoría, nada me impediría enseñar geocentrismo a mis alumnos de física. La ley me ampara. La misma ley que permitió que los primeros heliocentristas explicaran en sus cátedras que es la Tierra la que gira alrededor del Sol, y no al revés, para escándalo de la ortodoxia de la época, que argumentaba que había que ser ciego y tonto para no darse cuenta de que es el Sol el que se mueve por el cielo y la Tierra la que permanece quieta.

Pensar que puede haber alguien, o un conjunto de personas, que dicte de antemano lo que se puede y no se puede enseñar es no comprender el alcance de ese derecho tan importante y que tanto costó conquistar. Cancelar, es decir, censurar a los que no piensan como nosotros es el comienzo de una descomposición social y el fin de la universidad como espacio privilegiado de debate y conocimiento.

Es cierto que la libertad de cátedra no es ilimitada, como ha recordado repetidamente el Tribunal Supremo, y que un profesor no puede saltarse un programa formativo aprobado en el plan de estudios ni dar otra materia porque le apetezca. Pero fuera de seguir un programa que conduzca a la adquisición de una serie de habilidades y competencias, nadie puede inmiscuirse en qué se cuenta en una clase o qué se investiga, porque la esencia de la universidad es explorar todo el conocimiento humano, sin límites ni cortapisas. Yo no podré dar clases de química en mi hora de física, pero en teoría sí que podría contar la última teoría sobre un universo estacionario que no necesite del Big Bang. Nadie puede decidir por mí lo que es científico y lo que no lo es.

Al que esto le parezca paradójico debo recodarle que el heliocentrismo se consideró una peligrosa herejía durante mucho tiempo, o que la teoría de la evolución, otra herejía aún más peligrosa según lo que pensaba el 99% de los profesores de la época de Darwin y Wallace, nunca se habría podido imponer sin precisamente la libertad de cátedra.

También resulta crítica la libertad de investigar en lo que uno quiera. La Administración no se debe meter en las inquietudes intelectuales de sus profesores, porque nunca se sabe por dónde va a saltar la liebre. Un caso reciente, cercano y paradigmático es el de Francisco Juan Martínez Mojica, el microbiólogo que inventó una técnica fundamental de edición genética, la CRISPR. Francis se dedicaba a algo a lo que nadie había dado ninguna importancia y que se consideraba una especie de entretenimiento: el estudio de unos microorganismos, la arqueas, que viven en las salinas de Santa Pola. Nadie podía prever que de ahí podía surgir una tecnología con aplicaciones en medicina.

¿Cómo es la investigación en la práctica? Existe la figura del investigador solitario, alguien que trabaja en lo suyo y apenas necesita recursos, porque ya tiene un sueldo. Le suele valer con pequeñas cantidades que llegan a través de departamentos y facultades. Fue el caso de Mojica en sus comienzos. Pero en la mayoría hace falta solicitar financiación adicional y del orden de cientos de miles de euros.

Escribir un buen proyecto de ese tipo, uno con visos de éxito, es un arte. No es fácil dar consejos más allá de lo obvio: no inflar los logros o las expectativas; ser honesto; elegir un tema original, nuevo y que aporte algo a la humanidad y contarlo de una manera perfecta, generalmente en inglés, que es como nos piden ahora que redactemos, no sé muy bien por qué.

En la actualidad se fomenta la creación de grupos de investigación para tener más posibilidades de captar financiación. Esos grupos escriben memorias para pedir dinero a ministerios, agencias, fundaciones y empresas, diciendo lo que quieren hacer y si se lo dan, con eso contratan a gente, compran aparatos y suministros, asisten a congresos y reuniones, y escriben artículos para dar cuenta de lo que obtienen. Como comentaba arriba, en las convocatorias públicas la tasa de éxito suele ser bastante baja y no todo el mundo consigue el dinero que necesita. Conseguir financiación depende de la idea, pero también de la trayectoria del grupo, es decir, de lo que haya logrado antes (o de si parece que tiene capacidad de llevar a cabo su primer proyecto, si es que está empezando). Por tanto, es importante rodearse de gente competente.

La composición clásica de los grupos de investigación suele estar muy jerarquizada, y se sostiene en la expectativa de los que aún no tienen plaza en la universidad de conseguirla. Trabajan en lo que indica el director. Pero hay excepciones, como en el mío, en el que somos cinco profesores, cada uno experto en lo suyo, bajo un tema común, las ciencias de la Tierra y del espacio, y cuya organización es democrática. Cada uno hace lo que le interesa y si necesitamos ayuda se la pedimos al resto. Naturalmente, esto no gusta a los del primer grupo. Es un mal ejemplo para sus intereses.

Al final, los grupos que funcionan bien son los que consiguen que sus miembros alcancen los fines de la universidad, es decir, la formación de las élites intelectuales y la creación de conocimiento. La investigación científica, en este sentido, no hace sino facilitar esa labor.

28
Autoría, coautoría y liderazgo

El tema de la autoría de las publicaciones científicas ha dado mucho que hablar. Primero, hay que tener en cuenta que existen disciplinas, como las matemáticas o la física de partículas, en las que lo habitual es que el orden de los autores sea el alfabético. Pero, en otras, la posición de los autores sigue una lógica más o menos estándar. En esas áreas hay consenso en que el primer autor es el más importante. El siguiente en importancia es el último. Luego, entremedias, se sigue un orden decreciente, de tal forma que el antepenúltimo es el menos importante de todos. Existe una figura, el corresponsal, que es quien se encarga de tratar con los revisores de los artículos, con el editor y con quien quiera que se interese por la investigación y desee preguntar algo. Este rol suele caer en el primer autor o en el último, pero no hay problema en que sea cualquiera.

Esta es la lógica que sigue Scopus, una de las herramientas que intentan cuantificar la investigación de los científicos y que ha introducido hace poco la métrica de "posición de autor", unos números que recogen la posición relativa de las responsabilidades de un autor entre los coautores.

Publicar artículos es necesario para progresar en la carrera académica. Antes esto no era así y hubo quien se convirtió en profesor titular de universidad, e incluso catedrático, sin otro mérito que el de haber leído una tesis extensísima antes de haber publicado nada. Pero como decía al hablar de los profesores que no investigaban, eso sucedía en los confusos años ochenta, cuando poca gente quería quedarse en la universidad porque fuera se pagaba más y había más oferta de puestos académicos que demanda. Hoy sería impensable y a las nuevas generaciones lo que acabo de contar les parecerá ciencia-ficción[4].

Esas promociones exprés caídas del cielo no han sido óbice, por cierto, para que muchos de aquellos afortunados "penenes" (de PNN, profesores no numerarios) se dediquen a pontificar y a quejarse de lo mal que está todo en la ciencia, y de lo flojas que son las nuevas generaciones, en vez de guardar un respetuoso silencio. Ya son una minoría (se están jubilando en masa), pero tan ruidosa que merece la pena señalarlo, porque quizá no han reparado en ello y lo hacen sin darse cuenta.

A fin de que sirvan para hacer carrera, los artículos se han de publicar en las revistas que dicta el ministerio en cada momento. Durante una época, valía cualquier cosa. Luego, solo las revistas internacionales. Más tarde, un subconjunto de estas, las que estuvieran en el llamado JCR. Después tenían que estar en la parte de arriba de esa clasificación, realizada por una empresa de comunicación extranjera. Hace poco la ANECA, la agencia de evaluación nacional, publicó una lista de revistas que consideraba con unos estándares de calidad insuficientes, aunque enseguida se tuvo que retractar, porque las revistas serán o no buenas, pero sus abogados pueden llegar a ser muy convincentes.

Aunque ahora se dice que el impacto de la publicación es lo que cuenta, nadie sabe muy bien cómo aplicar eso, sobre todo en el caso de artículos recientes que no ha dado tiempo a que sean citados.

En los últimos meses se ha pasado a valorar también lo que se conocen como métricas alternativas, como la presencia en los medios de comunicación. La idea está bien para aquellas publicaciones que no puedan apelar a otro criterio de calidad, pero

4. Hay que tener en cuenta que en aquellos años Mecano, Ramoncín y Alaska eran ídolos y nadie objetaba que las letras de una canción dijeran algo como: "Ya estoy en Nueva York / y los jamones son de York".

añadirlo convierte a la publicación científica en una competición para ver quién emite la nota de prensa más exagerada, la que más llame la atención a los encargados de que se publique una noticia que genere tráfico. Esto es indeseable y convierte a la ciencia en un circo.

Mi opinión sobre la calidad de un artículo es que en su campo todo el mundo sabe qué revistas son buenas y cuáles son una red de morralla en la que solo hace falta pagar para que te publiquen. Lo mismo respecto a los artículos. Se tarda poco en saber si un artículo es bueno, aunque no esté citado, y cuál no, aunque tenga cien referencias de un círculo de citas. Pero para eso hay que leerlo, claro, y es mucho más cómodo aplicar un número a ciegas que ser crítico.

La producción de un profesor se condensa a menudo en uno de esos números, el *h*. Es el más popular. Mi opinión es que tratar así a las personas es la mejor manera de quitar la ilusión por la ciencia a los más idealistas, convirtiendo la carrera académica en una especie de carrera de caballos que solo genera frustración, rivalidades, envidias y decepciones. Creo sinceramente que lo único que consigue este sistema de medida es retrasar el verdadero progreso científico.

Regresando rápidamente al campo realista en el que se desarrolla este ensayo, publicar artículos es hoy vital si quieres hacer carrera en la universidad, y el orden de autoría es cada vez más importante. No es lo mismo tener 70 artículos como primer autor que el que tu nombre aparezca en 70 de ellos. Tampoco es lo mismo un artículo de física que firmen tres personas que el que ostenta el récord: uno de mayo de 2015 que lista 5.154 autores. El artículo en sí son nueve páginas. Luego hay otras 24 con la lista de autores. Sinceramente, no sé qué significa la autoría en ese caso.

En las situaciones normales, y en los que no se siga el orden alfabético, el último autor suele estar claro: es el investigador principal, el jefe, salvo que ese jefe sea de los que se manchan las manos y escribe sus artículos, que es algo que quizá ya no debería hacer un buen jefe que sepa organizar a su grupo. Con esta última posición suele haber pocos problemas, salvo que dos grupos de investigación colaboren y ambos investigadores principales quieran ocupar ese lugar. Hay una normativa de ética en la investigación que intenta regular esto, lo que quiere decir, como señalaba arriba cuando hablaba de que las normativas se hacen para solucionar problemas reales, que hay un conflicto permanente.

La tendencia actual para evitar líos es reflejar explícitamente en los artículos las contribuciones de cada autor, ya sea directamente sobre el texto o en una lista al final. Esto no resuelve los problemas de autoría, porque esa lista la acaba validando el jefe, que es quien paga. El método solo obliga a que quede por escrito algo que bien puede ser una simulación, algo que no tiene por qué reflejar el trabajo real que ha realizado cada uno.

Hay cierta división respecto al papel de los técnicos de laboratorio y del personal auxiliar en la autoría de las publicaciones. Mi visión aquí es bastante radical, y no universalmente compartida. Creo que el criterio central de autoría, el de "haber realizado una contribución intelectual sustantiva en el artículo" impide que, en la mayoría de los casos, los perfiles técnicos o de apoyo puedan formar parte de la lista de autores. El lugar para dar cuenta de su contribución está en la sección de agradecimientos del artículo.

Haber realizado unas medidas con un instrumento que requiere un entrenamiento especializado no es, en mi opinión, una contribución intelectual sustantiva. Es como si atribuyéramos la autoría de una novela al editor de mesa, al corrector de pruebas, al maquetador, al editor, al que diseñó la cubierta, al impresor o al que maneja la máquina de *offset* o la cortadora. Son tareas necesarias (sin ellas no habría libro), pero no forman parte de lo que se puede considerar "ser el autor de una novela".

Con los artículos creo que pasa lo mismo. Los autores son los cerebros tras la investigación y no todo aquel que ha hecho posible que la investigación se haya podido hacer, porque, de pensar así, tendríamos que incluir en la lista de autores desde el que diseñó el modelo de microscopio que hemos usado para observar nuestras muestras hasta el personal de limpieza que logra que podamos trabajar en un ambiente sano.

Al personal investigador que ha realizado experimentos para el artículo sí que se le incluye como autor, porque su contribución está inserta en el plan de trabajo del investigador principal. No son accesorios, como en el caso de los que aportan una medida con un instrumento sofisticado y generalmente caro; una medida que el que la hace no tiene ni por qué saber para qué la está haciendo. Al técnico que mide la resistividad de un material nuevo diseñado por un científico o tecnólogo le es indiferente la naturaleza del material y por qué ha sido diseñado así. Al investigador júnior que ha mezclado los componentes en una proporción concreta, ya sea la que él ha estimado o la que le ha pedido el investigador principal, sí que le interesa y sí que puede realizar aportaciones. Si lo hace, entonces puede listarse como uno de los autores.

Para mí, la diferencia entre la originalidad y la mera repetición es sustancial. El resto de los casos que justifican autorías es muy variable e incluye a colegas de otras universidades que puede que hicieran tan solo un comentario solicitado sobre la interpretación de una gráfica u otros que, por ejemplo, sugirieran el experimento en una conferencia y que por ello merecen crédito. A algunas personas les puede resultar muy injusto tener que listar como tercer autor de su artículo a un señor de París que en un café ayudó a que el jefe entendiera mejor lo que se estaba haciendo, en vez de al técnico que ha tenido que subir hasta Peñalara para asegurarse de que los instrumentos estaban bien calibrados, pero es así.

Las tareas de mantenimiento, y en general las técnicas, deben ser recogidas en la parte de agradecimientos, y solo en casos excepcionales como autores, o se estará distorsionando el concepto de autoría intelectual de una investigación. La persona que hace que funcione un superordenador en el que se realizan multitud de cálculos por decenas de equipos de investigación es vital para que todo funcione, pero no puede estar en todos esos artículos por un concepto mal entendido de autoría.

Esto que acabo de decir varía mucho de un campo a otro. Se aplica sobre todo a ciencias e ingenierías y mucho menos a ciencias sociales y humanidades, en donde los artículos suelen ser más personales. Pero la lógica es la misma: un autor es alguien que ha hecho una contribución intelectual, no meramente mecánica o técnica.

Parece muy complicado, pero hay un criterio complementario para saber si alguien puede formar parte de la lista de autores.

Tiene que ser capaz de defender el último borrador del artículo, el que se envía a la revista. Es decir, ha de entender todo lo que está escrito, ha de poder explicarlo, argumentarlo y explicárselo a alguien que no sepa nada, indicando qué es lo nuevo, por qué es relevante lo que se ha hecho, de dónde y cómo surgió la idea y cuál fue su contribución concreta en todo ello. Si no es el caso, si no es capaz de presentar el artículo como algo suyo, no puede reclamar ser uno de los autores.

El primer autor es la persona que mejor puede hacer todo eso. Habrá escrito en su estilo personal la motivación de toda la investigación, comentado la relevancia de los resultados obtenidos, organizado el flujo narrativo de la explicación de la base empírica y de la metodología, trazado el diseño que tiene que ir en cada figura o tabla y, en resumen, habrá sido quien haya llevado la mayor carga de trabajo. Puede ser también quien haya dado la idea central del artículo, aunque ese rol puede recaer en el último autor, el IP, que es al fin y al cabo el que suele haber escrito el proyecto que, una vez concedido, ha hecho posible la investigación.

Sucede a veces que una persona inicia una tesis y al ponerse a realizar un encargo acaba pensando que está realizando algo propio, cuando la mayoría de las veces no hace sino seguir el plan establecido por el investigador principal varios años atrás, cuando empezó a solicitar fondos para la investigación. Aclarar esto desde el principio es importante y evita decepciones y malentendidos. En líneas generales, y salvo indicación expresa en contra, la investigación que realiza un doctorando contratado en un proyecto no es suya ni puede hacer investigación de ese tema a espaldas del investigador principal. Cuando se establece una normativa que dice lo contrario, lo que suele suceder es que el investigador principal pone al doctorando a realizar tareas irrelevantes que no afecten a sus intereses.

Como decía antes, en algunas ocasiones el investigador principal y el primer autor de un artículo son la misma persona. Eso revela que el jefe no es capaz de delegar con eficacia en la gente que trabaja para él y que ha hecho más de lo que debería dada su posición directiva, de coordinador. En general, las razones para hacerlo mal pueden ser variadas, desde una capacidad de trabajo desaforada a un exceso de tiempo libre, pasando por una preocupación patológica por su trabajo, facilidad para diseñar investigaciones y escribir los resultados o tener una capacidad extraordinaria para actuar de hombre orquesta y hacer uno mismo los cálculos, experimentos, figuras y redactar el texto, buscando la participación de otras personas para elementos muy concretos.

Pero ese perfil ni es bueno ni recomendable. El buen jefe, el buen investigador principal, delega. Diseña el plan de trabajo y luego reparte el proyecto en trozos manejables que, bien articulados, hacen otras personas. Coordina el trabajo de todos y, en suma, actúa más como director de orquesta que como intérprete o solista.

¿Por qué hay jefes que no hacen esto? Las razones que he citado arriba suelen tener como raíz que, como sostengo, la ciencia es un trabajo vocacional y poca gente se mete en esto con el objetivo de llegar a jefe y dedicarse a gestionar. El laboratorio atrae al buen investigador e incluso aunque haya llegado a rector y se dé cuenta de que va a resultar difícil regresar a él.

Y tampoco es algo que se enseñe. A ser investigador principal se suele aprender sobre la marcha.

29

Cómo escribir un artículo de investigación

Cuando uno lleva ya muchos años de carrera y muchos proyectos de investigación, lo normal es que haya tenido que escribir multitud de artículos. El proceso de publicación de un artículo es el siguiente. Primero, hay que escribirlo. Después, mandarlo a un editor que haga que lo revisen tus colegas y que, tras leer sus comentarios, quiera enviarlo a imprimir. Ambas fases son más o menos complicadas de superar, dependiendo de la experiencia que tengas.

Respecto a la primera parte, las universidades suelen ofrecer cursos de inicio a la investigación, pero en muchos casos están orientados a aspectos muy laterales y que resultan poco útiles. En algunas ocasiones la docencia de estos cursos la ofrece el personal de la biblioteca, que enseña cómo usar uno de los múltiples programas de organización bibliográfica para que tus referencias y citas se adecúen a los estándares de las revistas. Eso está bien, pero viene a ser como la pintura de los aviones: queda bonito y es obligatorio, pero no es lo que hace que el avión vuele. Necesitas algo más que eso para escribir artículos publicables.

En otros casos, te encontrarás con que esos cursos los imparten personas con pocos artículos como primer autor y sin ninguna experiencia internacional. A mí no me cabe en la cabeza que esos perfiles se atrevan a ofrecer cursos de iniciación a la investigación (incluyendo el tema de la escritura) y menos aún que las universidades se los acepten, pero hay gente que piensa de otra forma y se les permite. Mi consejo es que huyas de las charlas que solo sirven para satisfacer egos desaforados o conseguir puntos para acreditarse.

El modo de investigar y de lidiar con los comentarios de los revisores solo lo puedes aprender con alguien de tu campo que tenga mucha experiencia en varias universidades o centros de investigación, que haya visto de todo y que se conozca todos los detalles del proceso en tu área concreta de estudio. Idealmente, debería ser alguien que haya sido editor de una buena revista. Pero esa gente se resiste a dar cursos y consejos, que suelen dejar para sus estudiantes de doctorado y amigos. Pasa como con las comisiones: la gente que se ofrece para formar parte de ellas no es idónea y los que mejor lo harían no quieren y hay que perseguirlos.

Hay otra complicación a la hora de enseñar a publicar y es que a veces las prácticas difieren bastante entre disciplinas y lo que en una se considera aceptable y hasta necesario en otras se proscribe. Sucede con la forma de citar, con lo que se considera una correlación fuerte o con la manera correcta y el nivel de especulación aceptables al discutir los resultados de los experimentos. Pero hay elementos comunes a la escritura de cualquier artículo en cualquier campo. Un artículo es un uso particular del lenguaje, ya sea del propio o de uno ajeno como el inglés. Y ahí sí que se pueden ofrecer consejos con cierta confianza en que sean generalizables.

¿Cómo se escribe un artículo de investigación? Ya he dado pautas generales de escritura en el capítulo 19. Lo que haré aquí será comentar aspectos específicos para los artículos científicos. Hay dos claves: la primera es ser claro; la segunda, ser honesto.

Respecto a lo primero, la claridad es imprescindible. Un artículo de ciencias se parece más a un prospecto de un medicamento que a una novela, sin ser ni lo uno ni lo otro. Es necesario escribir con estilo, es decir, con la suficiente personalidad para que el texto no parezca escrito por una máquina. Los mejores artículos, los más memorables, dicen algo importante, pero lo dicen de una forma que aúna la forma con el contenido.

Respecto a lo segundo, la honestidad, recuerda siempre que no escribes para lucirte, sino para transmitir algo a los demás de manera que les sea más fácil entenderlo. La gente te lee para aprender y para su beneficio. Al que lee un artículo científico tuyo no le importa demasiado que tu prosa sea candidata potencial al Premio Nacional de Literatura. Lo que quiere en realidad es informarse de lo que has hecho en el campo de conocimiento en el que ambos trabajáis para aprovecharse de tus resultados. El primer objetivo de quien te lee es, generalmente, poder escribir un artículo mejor que el tuyo. Y ten también en cuenta que te citará solo si no le queda más remedio, y si lo que escribes se gana su respeto por su originalidad y valor. Deja claros ambos aspectos.

Si lo que has escrito se lee bien, ya está. No lo compliques. No olvides que un artículo científico no es el sitio para dar rienda suelta a tus veleidades literarias, sino el medio de transmitir los resultados de tus experimentos y la interpretación que haces de ellos. Si tienes la necesidad de expresarte por escrito, escribe novelas, poemas o ensayos sobre tu visión de la universidad, pero no contamines tu prosa científica con el ejercicio del arte. No es el lugar.

El esquema clásico de un artículo es el siguiente: resumen, introducción, datos y metodología, resultados y discusión. Varía poco entre disciplinas.

En el resumen tienes que contar cuál es tu pregunta de investigación, qué has hecho para contestarla, qué has encontrado y por qué lo que has descubierto es relevante para el mundo. En la introducción tienes que hacer cuatro cosas: enmarcar tu investigación en el contexto amplio de la ciencia, en el de la disciplina y en el del problema concreto (explicando qué se sabe ya, qué falta por saber y qué estás haciendo tú para averiguarlo) y luego resumir qué aportas tú de nuevo a todo ello. En la parte de datos y metodología cuenta qué medidas has hecho, qué instrumentos has utilizado o qué pruebas empíricas reunido. Tienes que dar muchos detalles para que otros puedan replicar con facilidad lo que has obtenido tú y aportar toda la información que has utilizado, incluyendo los datos, que tendrás que hacer públicos. En la parte de resultados describe qué has obtenido y cómo eso soluciona el problema que había antes de que tú hicieras la investigación. Explica en cada afirmación los pasos lógicos que das para ir pasando de los resultados de tus experimentos a las conclusiones que vayas proponiendo. Es el momento de hablar también de las limitaciones de tu trabajo y de la manera de interpretar tu aportación al campo de conocimiento. En la parte final, discute por qué es útil lo que has hecho, para qué sirve, lo que se sabe ahora que antes se ignoraba y cómo otros van a poder utilizar tus descubrimientos.

Una vez que has escrito el artículo hay que enviarlo a publicar. Esto tiene sus particularidades. En primer lugar, normalmente cuesta mucho dinero, del orden de miles de euros. Antes se pagaba por los gastos relacionados con la publicación en papel de los artículos, lo cual tenía sentido, aunque lo cierto es que las revistas ya ganaban dinero al vender la publicación. Ahora que casi todo se publica en digital, esos gastos de tinta y papel se han reducido mucho, pero las revistas científicas son un gran negocio, y se cobra por la maquetación y por hacer que cualquiera pueda leer gratis los artículos. Se supone que gracias a esas aportaciones los artículos se guardan para siempre en algún servidor informático. El editor académico de una revista hoy se limita a hacer de correa de transmisión y filtro entre los artículos que le llegan, sus revisores y la empresa que gana dinero poniendo su cabecera para que los lectores puedan acceder a una lectura de calidad.

Al sistema de publicación académica se lo conoce como revisión por pares. Es decir, por los colegas de profesión. Son ellos los que se leen los artículos, sin cobrar tampoco nada, y quienes dan su recomendación, que el editor suele seguir (aunque no siempre).

Esto quiere decir que la publicación de tu artículo depende de tus rivales. Hay mecanismos para que evitar que tu artículo caiga en manos de un enemigo (sí, los científicos también tenemos enemigos; Cajal decía que quien lo niega nunca ha hecho nada arriesgado o de valor). También hay medios para que tu artículo no le llegue a los amigos o conocidos. Aquí funciona bien la autorregulación, aunque la definición de amistad a veces sea un tanto laxa.

El proceso es ciego, en el sentido de que tú no sabes quién te evalúa. Son rivales, sí, pero desconocidos para ti. El sistema de publicación está pensado para que gente independiente, pero que sabe mucho de tu tema valore lo que has escrito y le diga al editor si debe publicarlo. Tú, como autor, recibes críticas anónimas que tienes que rebatir, y si tus respuestas no les satisfacen a esas personas, el artículo no se publica.

En algunas revistas el sistema es de doble ciego, lo que quiere decir que los revisores tampoco saben quién eres tú. Esto no suele funcionar bien, porque cuando uno lleva trabajando cierto tiempo en un campo sus colores se traslucen enseguida y además la forma de escribir suele delatar a un buen autor. Las muletillas o las palabras fetiche, naturalmente, también.

La selección de artículos por pares no es un sistema perfecto, y quizá ni siquiera bueno, pero es el menos malo que se ha ingeniado. Las alternativas, y la publicación sin restricciones, existen. Hay sitios, como arXiv, al que cualquiera puede enviar sus investigaciones, y revistas que aceptan en masa todo lo que no sea obviamente incorrecto, pero esto inunda de irrelevancia el ecosistema académico, haciendo muy difícil encontrar información de calidad. El tiempo dedicado a expurgar lo valioso de lo prescindible es mucho más costoso que irse directamente al índice de una revista de confianza, esa que sabes que solo publica cosas nuevas, de calidad y que han sido evaluadas de manera honesta.

En todo caso, el sistema es muy mejorable, y habría que darle una vuelta. Los detalles y matices de los cambios necesarios son bastante intrincados y de interés limitado para un público amplio, así que no los trataré aquí.

30

Cómo publicar mucho y bien

Lo primero y principal para publicar mucho y bien es hacer una buena investigación. Esto puede parecer una obviedad, pero es que muchas de las dificultades con las que se encuentran algunos profesores para publicar en revistas buenas, no en las mediocres, vienen de que no hacen nada ni remotamente atractivo, nuevo o de calidad.

Si lo que haces es superinteresante y novedoso, es raro que te resulte difícil publicarlo en una revista internacional de renombre. Puede que los revisores te den mucha guerra, que te pidan que reescribas párrafos a su gusto, añadas nuevos experimentos o cálculos, o que aportes pruebas extraordinarias, pero eso no suele ser un problema si tu investigación es sólida.

Las dificultades surgen cuando te sientes obligado a publicar material de segunda clase para satisfacer evaluaciones o cumplir unos objetivos. En ese caso, se recurre a lo que se llama artículos de "pan y mantequilla", es decir, de supervivencia. Estos artículos son la mayoría de lo que se publica, por lo que no hay que avergonzarse. Se trata de trabajos que aplican una técnica inventada por otra gente a unos datos nuevos o que intentan validar los resultados de unos experimentos cruciales que otros realizaron antes que tú, o que llaman la atención sobre algún resultado lateral. Nada que cambie el mundo, pero necesario para incrementar (infinitesimalmente) el conocimiento humano. Esto, los buenos investigadores lo evitan siempre que pueden. Repetirse, confirmar lo que han hechos otros o dedicarse a temas laterales no es una buena idea, pero a veces no hay más remedio.

Otra cosa que conviene para el éxito de la carrera investigadora es mantener una línea de trabajo consistente. La idea es que te conviertas en el mayor experto del mundo en algo muy concreto (y relevante, claro) a lo que se dedique poca gente. Si no hay nadie más, si eres el primero en iniciar una línea, tienes una mina de oro. No pasará mucho tiempo antes de que aparezcan otras personas y grupos a aprovecharse de ese yacimiento, así que date prisa en explotar el filón.

Para publicar bien, hay que apuntar a la revista adecuada. Hay que escoger revistas prestigiosas, pero no por el índice de impacto, sino porque la gente que trabaja en tu campo considera que esas son las revistas serias, aquellas en las que se publica lo más relevante y que, por tanto, filtran bien lo que no lo es. Aunque debes saber que a largo plazo lo importante es la investigación en sí, no la revista en la que la publiques. Si quieres que lo que haces tenga alguna influencia en los demás (y es para eso para lo que publicamos los científicos, aparte de para ver nuestro nombre en letras de molde e impresionar a la familia), tienes que elegir cuidadosamente qué publicar, más que dónde.

La idea central es que si quieres dedicarte a la investigación sin deberle nada a nadie tienes que publicar tu mejor investigación en las revistas científicas más respetadas por tus iguales. Antes era posible alcanzar un puesto en la universidad sin este requisito, y legiones de numerarios entraron así, pero ya no (aunque hay excepciones, porque siempre encontrarás a alguien capaz de aprovechar los resquicios del sistema).

Intenta no publicar sólo artículos en español. Hoy, la lengua de la ciencia es el inglés, como antes fue el alemán y mucho antes el latín. Las revistas españolas, además, suelen ser un coto cerrado de un departamento, con una tendencia irrefrenable (por humana) a publicar a los amigos y excluir a los que no les son gratos, así que evítalas. El cénit de esta práctica es que unos cuantos profesores creen una editorial de ámbito regional en la que publicarse a ellos mismos.

Este tipo de componendas ha mejorado mucho en los últimos años, pero otro hecho es que algunas revistas españolas siguen publicando artículos muy por debajo del estándar mínimo internacional. Esto, y estar publicadas en español (o en un inglés traducido), hace que no las cite casi nadie, y eso será malo para tu carrera.

Si tu investigación es realmente buena, tendrá interés internacional, así que publícala en inglés. Se me dirá que hay temas regionales o locales que no tienen impacto fuera de su ámbito geográfico, pero eso solo quiere decir que ese tema concreto es uno que debería evitar un científico que empieza su carrera. Al menos, mientras esté haciendo méritos para situarse en la profesión. Luego, cuando seas catedrático, ya te puedes dar alguna satisfacción y escribir lo que quiera que te interese, aunque sea sobre la caligrafía de la colección de astrolabios de El Escorial, pero, mientras alcanzas ese estado beatífico, procura no dañar tu trayectoria si puedes evitarlo. Esfuérzate en intentar responder a preguntas importantes.

Entre las causas más comunes de no poder evitar la práctica de escribir en la *hoja parroquial* —que es como conocemos en la casa a esas revistas— está la de tener un jefe que quiere que dediques tus mejores años a una vía muerta, que generalmente suele ser la que él lleva recorriendo, arriba y abajo, en las últimas tres décadas.

La manera de paliar ese lamentable estado de cosas es ser más listo que tu jefe. Una buena estrategia es trabajar en lo suyo a paso de tortuga (lo cual le parecerá normal, porque si él no ha avanzado a pesar de creerse mucho más inteligente que tú es porque ese algo se supone que es muy difícil), y tú, mientras, avanzar en paralelo en lo tuyo.

Imagino que el párrafo anterior habrá horrorizado a mucha gente, y no es para menos. Sí, es horroroso tener un jefe que te obliga a trabajar en lo que a él le interesa, pero es que esa es la definición de jefe. Lo que tú tienes que hacer es ir forjándote tu carrera a pesar de esa molesta limitación para tu felicidad, intentando que el hecho no te inquiete demasiado y, sobre todo, que no se note, porque si tu jefe se da cuenta, estás perdido. Esto se aplica, por supuesto, si no formas parte de esos grupos endogámicos en los que las plazas están asignadas con años de antelación por orden de llegada. En esos grupos, y en los clientelares políticos, lo importante es la conformidad y no dar la nota.

El coste de esa elección suele ser la castración intelectual. Esto te puede resultar o muy gravoso, o un gaje asumible considerando tus capacidades de partida. Dependerá también de tu temperamento y del concepto que tengas de ti mismo. Para mí resultaría insoportable dedicarme a trabajar en los sueños de otro en vez de en los míos, pero en esto también estoy en clara minoría. Es más habitual subirse a un tren en marcha y dejar que la locomotora tire de ti.

Otro coste asociado de la conformidad, a menudo oculto, es no alcanzar una personalidad científica definida, sino ser un heredero de la línea establecida en su día por un fundador. A estos seguidores se los llama epígonos, y no suelen aportar mucho a la ciencia internacional, aunque su vida universitaria suele ser mucho más placentera que la de los lobos esteparios de la ciencia.

En el campo de la publicación científica, la elección entre liderar o seguir al líder es importante. Piénsalo bien antes de decidir qué camino tomar. Se dice a menudo que fuera del ala de un catedrático "hace mucho frío", y es cierto. Las travesías en el desierto suelen ser penosas, la soledad es abrumadora y la incertidumbre, elevada. He visto a gente que lo intentaba y que enseguida volvía al redil con el rabo entre las piernas. Pero hay personas a la que nos gustan más los retos y el riesgo de cruzar selvas, desiertos, mares embravecidos y extensiones polares. Al menos, luego tienes algo que contar y puedes escribir libros que no repitan lo que han dicho otros, esos que tienen que recurrir a una cita cada dos frases. Ese es un vicio muy feo, aunque no tan grave como aprovecharse de las ideas de otros sin darles crédito.

31

Las revistas científicas

Voy a concretar un poco más el tema de las publicaciones buenas y malas. Unas te convertirán en un investigador respetado en tu campo. Por otro lado, están aquellas que, como todo el mundo sabe, se aprovechan de la necesidad que hay de publicar para promocionarse.

Existe al respecto una multitud abrumadora de revistas científicas. Las voy a clasificar en cinco tipos.

En el primer grupo están las generalistas, cuyo epítome son *Science* y *Nature*. Son muy prestigiosas. Se venden hasta en los aeropuertos, por lo que impactan bastante en la sociedad. Los *Proceedings of the National Academy of Sciences (PNAS)*, otra revista, también pertenece a esta clase, aunque sea más limitada en su alcance, ya que da servicio a los miembros de una academia nacional de ciencias, la de Estados Unidos.

En el segundo grupo estarían las revistas derivadas de estas, las diferentes versiones de *Nature*, como *Climate and Atmospheric Science*, y otras muy prestigiosas en sus respectivos campos. Estas no suelen llegar a la gente ni se venden en los quioscos. Son para especialistas.

Publicar en revistas de estos dos grupos hará progresar mucho tu carrera. Si has sido primer autor de varios artículos de esas revistas, entonces eres alguien altamente reconocible por tus colegas.

Luego están las revistas del tercer grupo, que son las que te convertirán en un científico respetado por tus pares y que suelen ser la antesala para publicar en las dos primeras. Después hablaré de ellas.

Pero antes quiero tratar el cuarto tipo, que son las revistas del montón. Estas incluyen revistas internacionales poco selectivas y las locales, de departamentos universitarios. Suelen tener consejos editoriales que se dedican a publicar a los amigos, sirviendo como mecanismos de poder en ciencias sociales y en humanidades, una práctica que habría que erradicar cuanto antes por la salud de la ciencia. Sus editores-jefe tienen un poder desproporcionado. No es raro que reciban llamadas telefónicas animándolos a aceptar el artículo que puede hacer que fulanito consiga una plaza. En algunas ocasiones son los propios autores los que llaman. Lo sé porque he estado en despachos en los que un ayudante lloraba, literalmente, al otro lado de la línea pidiendo que por favor le aceptasen el artículo que acababa de enviar porque si no le echaban. Todo profesor que lleve unos años en esto conoce ese tipo de revistas y las dinámicas perniciosas que generan.

Luego está el quinto grupo, las revistas en las que se publica cualquier cosa con tal de satisfacer unos costes, y cuya excusa es que todo el mundo pueda acceder a la lectura sin pagar, pero que en realidad son unos peajes encubiertos, de unos pocos miles de euros, que lubrican tu manuscrito hacia una publicación rápida y sin problemas. Entre estas hay algunas que parecen muy serias, pero que en realidad todo el mundo sabe que son poco exigentes en cuanto a la revisión científica. Son el resultado de una necesidad desbocada de publicar, el famoso "publica o perece" que tanto daño hace a la ciencia. Algunas editoriales oportunistas han sabido aprovecharse de esto, y hay gente que se ha hecho millonaria gracias a una suerte de enajenación colectiva, o más bien de un acuerdo tácito para detraer recursos del resto de la sociedad. Es una faceta de lo que se ha llamado élites extractivas.

Las revistas del tercer grupo son las temáticas de tu especialidad. Son las que van a cimentar tu carrera. Por ejemplo, el *Journal of Climate*. Están en el primer cuartil del impacto, o arriba en el segundo, y son respetadas por la comunidad. Las del primer y segundo grupo son las guindas del pastel, pero la base, en las que publicarás habitualmente, son las del tercero. Lo normal en tu vida académica será que envíes artículos a las revistas del primer y del segundo grupo y que, si te los rechazan, lo intentes en el tercero. No pasa nada. Procura, eso sí, no caer al cuarto o al quinto, porque eso, en una evaluación que no se fije tan solo en indicadores cuantitativos, te va a penalizar, además de que no te servirá para ser un mejor investigador, sino para todo lo contrario.

En relación con el rechazo, conviene que endurezcas tu piel en tus tratos con los editores de las revistas buenas. Acostúmbrate a que te digan que no, porque, salvo que tengas mucha suerte o que hayas encontrado un filón, el "lo sentimos, pero los revisores no lo ven publicable" va a ser la norma si tus artículos son arriesgados.

No solo en artículos, sino también en proyectos. Ten en cuenta que, más allá de la calidad de lo que hagas, enfrente están tus iguales, gente que compite contigo por recursos escasos, y que los humanos tenemos nuestras cosas. También es que a veces no se aprecia la importancia de lo que se propone, ya sea por una memoria torpe o porque lo que se propone hacer va muchos pasos por delante del estado actual de conocimiento. Eso también sucede.

Los científicos, como seres humanos, somos subjetivos y especiales cuando nos toca evaluar, además de maniáticos, y aunque hay mecanismos de control que limitan el impacto de los casos atípicos, como los paneles y las comisiones, puede que te encuentres con rechazos inesperados que consideres injustos. Y puede que lo sean. O que no, porque otra cosa que no puedes perder de vista es la autocrítica. Mi consejo es que valores esto lo primero, si no será que te has explicado mal, o que lo que quieres hacer ya está hecho, o no tiene ningún interés para avanzar la ciencia porque es trivial. Si descartas esto, entonces ya puedes empezar a quejarte de que hayan publicado artículos o financiado proyectos peores que el tuyo.

El rechazo es a veces positivo para tus intereses. Una vez me rechazaron un libro en una editorial española. Lo envié entonces a Springer-Nature, la casa que publica la famosa revista, y que es una de las mejores editoriales académicas del mundo según las clasificaciones internacionales, y allí me lo aceptaron inmediatamente. Si lo hubiera publicado en la editorial española, habría sido un librito en blanco y negro sin ninguna trascendencia. La versión en inglés es un libro con todas las páginas en color, gran formato y tapa dura.

Con los artículos me pasó lo mismo cuando estaba empezando, hace 30 años: artículos rechazados en revistas de la parte baja de la lista de revistas españolas, en el cuarto grupo, acabaron siendo aceptados en el top 10 internacional. La moraleja de la historia es que los sitios malos lo son, en parte, porque están dirigidos por gente mediocre que no sabe apreciar la calidad cuando la tiene delante. La gente con criterio está en las editoriales y revistas buenas, y es por eso, de hecho, que son buenas.

¿Conviene no dispersarse y publicar en las mismas revistas? Mi consejo, otro que doy, pero que yo no he cumplido a lo largo de mi carrera, es que sí, que te centres. Eso te ayudará a concentrar tus esfuerzos en tu campo y hará más fácil que puedas llegar a ser un líder internacional en tu área de investigación, que es de lo que se trata. Al igual que con la radiación electromagnética, la dispersión diluye la energía en un punto, y eso no te conviene.

Además, y siendo prácticos, publicar en múltiples áreas de investigación y en muchas revistas, no se ha valorado adecuadamente en las evaluaciones hasta 2024, así que es mejor que sigas el camino más habitual y publiques donde ya te conozcan. Eso tiene la ventaja adicional de que estarás habituado a las particularidades de esa revista y que sus lectores reconocerán tus contribuciones con más facilidad, por lo que recibirás más citas.

¿Qué ocurre si no estás dispuesto a entrar en ese juego de publicar a lo loco? Pueden suceder dos cosas no necesariamente disjuntas: que nunca consigas un puesto fijo en la universidad o en un centro de investigación, o que logres hacer un descubrimiento sensacional que cambie la vida de millones de personas. Pero no pienses que pertenecer al grupo de los que no publican te abre las puertas de lo segundo. Es más probable que no aportes nada a la ciencia y que además tampoco consigas llegar a profesor de plantilla, lo cual sería una pena si de verdad te gusta esto de la investigación.

En el mundo de la investigación no hay recetas ni consejos fiables. Es una profesión muy poco reglada, que se basa en una selección muy severa y dura, que no todo el mundo está en condiciones de soportar. Cuesta mucho publicar en revistas buenas. Más allá de lo que todo el mundo comparte, como que es mejor publicar en *Nature* que en *Jara y Sedal*, hay experiencias y opiniones. Sigue tus inclinaciones y tu instinto. Si tú crees que de verdad lo que estás haciendo merece la pena y que tus colegas no lo aprecian, tira para adelante, pero piensa también que tal vez, quizá, seas tú quien se equivoque y que lo que consideras digno de Premio Nobel sea algo que ya propuso un tipo de Noruega en 1973 y se descartó en su momento.

Documentarse sobre los precedentes es importante, y así como es imprescindible citar a los que han tratado un tema antes que tú si quieres que te publiquen un artículo, es crítico para tu salud a largo plazo no empecinarte en reinventar la rueda por no haber hecho los deberes y buscar bien si eso que pretendes hacer ya lo hizo otro.

En cierto sentido, tu trabajo como científico acaba una vez que has publicado el artículo. Ya has lanzado una propuesta honesta a la comunidad científica. Otros se encargarán ahora de valorarla. Si lo que dices es nuevo y otros la validan, vas bien. Si no, se quedará ahí. No pasa nada. No se puede pretender darle la vuelta al paradigma científico con cada publicación ni que todos tus artículos generen un avance inmediato en tu campo de conocimiento. Nada hay de malo en limitarse a aportar una nueva piedra al edificio de la ciencia, sin pretender que siempre tenga que ser la piedra angular o la clave de la bóveda.

En los últimos años ha crecido la presión para que las investigaciones se envíen en formato nota de prensa a los medios de comunicación, con el argumento de que si no se cuenta lo que se hace, *no cuenta*. Pero la inmensa mayoría de los artículos técnicos son ininteligibles para los legos. Otros son clave, pero su importancia tarda en descubrirse, como pasó con los artículos de Mojica. Presionar a los científicos para que se pasen el día intentando llamar la atención de unos medios a menudo caprichosos induce titulares exagerados, promesas falsas (sobre todo en los campos relacionados con la salud) y, en general, conduce a dar una imagen falseada de la sociedad del trabajo lento y paciente que se hace en los laboratorios y despachos.

La producción científica no es una rama más de la literatura ni una bolsa de noticias; es otra cosa bien distinta. Es un sistema de comunicación entre científicos. Y para que siga funcionando correctamente, hay que dejar de intentar que cada artículo pueda generar un titular de prensa. Se ha observado de una manera muy perspicaz que la presión en este sentido de muchos gabinetes de prensa, comisiones y servicios de divulgación de las universidades tiene más que ver con justificar su propio trabajo y las subvenciones que reciben que con hacer un servicio a la ciencia, pero esto no difiere mucho de lo que sucede en otros ámbitos de la Administración y de la sociedad.

Una vez más, sería injusto achacar esta práctica en exclusiva a la universidad. Es un hecho que se ha producido un crecimiento exponencial del número de organizaciones, comités, asociaciones, agrupaciones, colectivos, plataformas, observatorios, foros, movimientos y gremios que hacen presión para crear regulaciones con el fin de que luego se los tenga que contratar para obtener un servicio artificial, que no aporta valor, o con el que se acaba trampeando, como es el caso de las certificaciones energéticas de edificios.

32

La llave de oro

¿Qué más hay que saber para quedarse en la universidad? Una regla fundamental de la vida es ser educado, especialmente con la gente que no te cae bien. Si no eres educado con la gente que te desagrada, es que no has entendido del todo lo que es la educación. Ser educado con tus amigos no tiene mérito.

Hay un paso más allá de la mera cortesía. Al igual que te digo que no te dejes avasallar y que hay que ser educado, te dejo aquí otra práctica cuyas propiedades son casi mágicas, y que ejercida a menudo hará que tu trayectoria en la universidad sea mucho más agradable que si te empeñas en ir en la dirección contraria. Esto sirve para cualquier estadio en el que te encuentres, ya seas estudiante, "postdoc" o profesor. De hecho, también te servirá enormemente fuera de los muros de la universidad.

Esa práctica es la amabilidad. Es la llave de oro de las relaciones sociales.

Ser amable es muy difícil, y es por eso por lo que se tiene que enseñar. Sucede como con tantas otras cosas en la vida: dejar hablar a los demás en vez de interrumpirlos, esperar tu turno en una cola, no acaparar comida, trabajar en grupo o pedir disculpas si pisas a alguien. Son acciones que van contra nuestra naturaleza egoísta y que por tanto tienen que ser aprendidas desde niños a través de un proceso largo y complejo que se llama socialización. Este camino forma parte de algo más amplio, la formación de las personas, que es a lo que nos dedicamos los profesores. Practicar la amabilidad es una etapa crucial del proceso, y saltarse esa lección no te hará bien.

Ser agradable con todo aquel a quien trates, cortés, educado y, más importante aún, mostrar afecto hacia los demás es algo bastante complicado en una sociedad competitiva y de pocos recursos, pero se puede conseguir aplicando un poco de esfuerzo e interés.

No es fácil. El mundo conspira a nuestro alrededor para que no seamos amables. A veces ocurre por falta de tiempo, precipitación o descuido. Pero también pasa que, como lo habitual es que no haya recursos para todos, surja la competición, que es un estado poco propicio para los niveles superiores de relación humana. Las carencias materiales ponen nerviosa a la gente, especialmente si los recursos que escasean son vitales. Después de pasarse tres días sin comer, es muy complicado guardar las formas cuando aparece un camión con cuatro sacos de comida. A una escala menor, eso sucede todos los días en las oficinas y en los departamentos universitarios, lugares en los que a menudo no hay de todo para todos, ya sea aumentos de sueldo, plazas de profesorado, proyectos internos u horas de docencia.

Las sociedades sin escasez son, de momento, utópicas. Yo confío en que en poco tiempo el avance científico nos conducirá a una sociedad de abundancia en la que no haga falta trabajar, pero es una idea mía que no comparte gente muy inteligente con la que la he discutido, así que de momento es mejor dejar ahí el argumento. Vamos a suponer que todavía queda mucho tiempo para llegar a ese punto en que no sea necesario trabajar para satisfacer las necesidades básicas: comida, seguridad, abrigo y relación social.

Antes de continuar, un inciso. Es importante darse cuenta de que la amabilidad no cumple una función meramente ceremonial o de llevarse bien los unos con los otros. No es un lubricante social. No es tampoco una estrategia, una forma de congraciarse con los otros o de parecer una buena persona para granjearse sus favores o su benevolencia. Se trata de algo más profundo, esencial; algo que para que funcione ha de formar parte de la construcción de la persona y sin lo cual uno no puede considerarse completo.

Esfuérzate en que algún día alguien te describa como "una persona amable". Si lo logras, vas bien.

La práctica habitual de la amabilidad conduce a la bondad. Es posible que nunca hayas tenido la suerte de encontrarte con alguien bondadoso, y es una pena, porque el contacto con una de esas personas ofrece una referencia, un patrón con el que contrastar el comportamiento de la gente. Sin la personalización de esta virtud es más difícil saber de qué tipo de carácter estamos hablando, pero no es imposible, así que voy a intentarlo.

Un malentendido habitual es que una persona bondadosa es pusilánime, floja o que nunca se enfada. Alguien blando, que deja que abusen de él, silencioso o que pierde oportunidades. Pero no es esa mi experiencia. He conocido personas muy bondadosas que eran terriblemente enérgicas, de las que se habrían enzarzado en una pelea de ser necesario, muchas que defienden sus derechos vehementemente, y otras que hablan por los codos de todo tipo de temas. No pienses que alguien bondadoso no va a recriminarte algo que has hecho mal o que no va a fruncir el ceño si haces algo realmente estúpido que le parece inadecuado. Alguien bondadoso no es un mártir, ni alguien que se pondría delante de ti para evitar que recibas un balazo; tampoco alguien que se calla cuando te equivocas.

Lo que distingue a una persona bondadosa es su capacidad para separar los actos que llevan a cabo las personas de la naturaleza de estas. Hay una frase en derecho: aborrecer el delito, no al delincuente. Alguien bondadoso busca tu bienestar, y sabe que te mereces más.

La gente bondadosa tiende a poseer una capacidad de penetración mayor de lo normal. Es como si te traspasaran con rayos X. Conocen tus motivos antes de que los formules y generalmente saben mejor que tú por qué haces algo. Esa habilidad nace de haber desarrollado la capacidad de ver objetivamente a los demás, separando la percepción que tienen de ti de lo que tú seas. Desde ese estado, difícil de conseguir, se es más sensible a los propios actos, a los pensamientos íntimos y en general a lo que constituye la naturaleza humana. Y eso hace que parezca que la gente bondadosa tiene superpoderes.

Es muy posible que una persona bondadosa no siempre apruebe tus actos, pero te comprende como humano. Eso no te absuelve de las consecuencias de lo que hagas, y es fácil que, llegado el caso, alguien bondadoso no sea necesariamente partidario de perdonarte. No debes confundir esos conceptos ni creer que puedes manipular a este tipo de personas para salirte con la tuya. No funciona así.

¿Cómo han alcanzado ese estado las personas bondadosas? Cada uno sigue su camino. Un amigo me contó que él experimentó un gran cambio en esa dirección cuando se dio cuenta de que era uno más. Según me explicó, si llegas a darte cuenta de que solo eres una faceta de algo mucho más amplio, una manera que tiene el mundo de percibirse a sí mismo y vivir una serie de experiencias, vas por buen camino.

El punto de ruptura le llegó al comprender lo que significa una expresión muy vieja, "tú eres eso", la noción de que ser un individuo es una ilusión. Por lo que parece, si eres capaz de darte cuenta de ello ante cualquier cosa que percibas, también vas bien. Especialmente, si eres capaz de tener ese sentimiento ante algo que unos años antes te habría parecido repulsivo, o ante un animal, o una planta. Pero la noción de que otra persona u otro ser no es sino otra faceta de algo más grande es algo que solo se puede vivir, no explicar, además de resultar un asunto muy personal.

Para concluir este capítulo solo quiero apuntar que los primeros años de universidad son un tiempo muy adecuado para desarrollar la bondad. Alguien que no va a la universidad generalmente se lanza directo a la piscina de la vida y enseguida le empiezan a suceder cosas. Quien estudia una carrera tiene algo más de tiempo para incorporarse al torbellino de la vida social. Cuenta, por decirlo así, con un periodo de gracia durante el cual continúa viviendo en una especie de burbuja. Puede dedicar ese tiempo a leer, lo que viene a ser una forma de saber qué han hecho y pensado otros humanos antes que él, y está en contacto con gente que es reconocida como inteligente, si no sabia. Esto le ofrece una serie de facilidades adicionales en el camino que lo llevará a convertirse en una pieza valiosa de la sociedad.

LA VIDA SECRETA
DE LOS DOCENTES

33

La gestión del tiempo del profesor

¿Cómo es el día a día de un profesor de universidad? En esto cada uno tendrá sus trucos o sus recetas. Yo voy a contar las mías, sin pretender que mi sistema sea el bueno o que sirva para todo el mundo.

Cada uno tiene sus necesidades para leer y estudiar. Hay gente que solo puede hacerlo en silencio y requiere grandes bloques de tiempo sin interrupción, y otros que podemos trabajar perfectamente en un bar o en un avión, rodeados de ruido, aunque prefiramos el silencio. Hay personas que trabajan todo el rato delante del ordenador, como es mi caso, y otras cuya jornada consiste en trabajo de laboratorio o de campo. En cada caso, el sistema para ser eficaz es diferente y el modo de organizarse puede variar mucho de una persona a otra.

Empezaré por el correo electrónico. Hay dos maneras principales de gestionar la correspondencia. Una es dedicarle un rato cada día y otra es intercalarla a lo largo de la jornada.

Mi sistema para gestionar el correo electrónico es tener activado el sistema de avisos. Tener un buen filtro de correo electrónico resulta esencial. Los mensajes de listas de correo, publicidad, noticias, invitaciones a congresos o a revisar artículos, circulares de asociaciones, etc., es mejor que no aparezcan en los avisos. No son urgentes.

El resto me aparece en la pantalla nada más recibirse. Veo enseguida el remitente, el asunto y dos o tres líneas. Así, puedo estar escribiendo este párrafo, por ejemplo, y advertir que me acaba de llegar un mensaje. El correo electrónico puede venir del decano, avisándome de que el viernes que viene hay una conferencia sobre soberanía alimentaria. Si es algo que no me interesa o propaganda, lo olvido inmediatamente. El mensaje se queda en la bandeja, y ya está. Si es algo que me puede interesar (porque, por ejemplo, la conferencia es de biología molecular), tomo nota mental o lo pongo ya mismo en la agenda.

Si la comunicación no es informativa, sino del tipo "necesito que me digas algo rápido", mi política es contestar inmediatamente, como si estuviera respondiendo a una llamada de teléfono. Es una interrupción del estudio o de lo que estuviera haciendo, pero creo que la gente valora que estés disponible en tus horas de trabajo, y un correo de esa clase es, como digo, equivalente a que te llamen por teléfono o abran la puerta de tu despacho para preguntarte algo sencillo. No me cuesta nada y creo que hago un servicio a los demás. Lo mismo para enviar papeles que necesiten mi firma: lleva dos minutos entrar en la bandeja de entrada del sistema, leer lo que sea y, si todo es correcto, darle al botón.

Esto también se aplica al caso de los mensajes de personas que necesitan desesperadamente una respuesta mía porque les agobia la incertidumbre de la espera. Suele ser el caso de los estudiantes de doctorado de primer y segundo año. A ellos les doy prioridad y contesto enseguida.

Si en el correo electrónico me preguntan algo que requiere más elaboración, del tipo explicar a un doctorando cómo hacer algo, entonces valoro la urgencia, y si veo que puedo responder rápido, pero con claridad y precisión, lo hago. Si no, le envío un acuse de recibo y le digo que ya le contestaré detalladamente cuando pueda.

Si del correo electrónico que recibo se deriva una tarea, como preparar un presupuesto o hacer un pequeño informe, también doy acuse de recibo y lo pongo en la lista de cosas para hacer.

Si la comunicación es informal, como un profesor que envía alguna trivialidad, contesto si tengo tiempo en ese momento o, si no, lo dejo para después.

A los amigos les contesto rápido siempre, claro. Con ellos no hace falta tener prevenciones y les puedes contestar sin miedo lo primero que te pase por la cabeza.

La redacción de los correos que envías es importante. La gente está ocupada. No les obligues a leer respuestas largas y detalladas. Si quieres saber algo, haz la pregunta directamente. Si necesitas un documento, proporciona un borrador para que la persona a la que se lo pides tenga algo por dónde empezar. No obligues a tu destinatario a pensar en lo que tiene que redactar (eso requiere un gran esfuerzo, aunque no lo parezca, y da mucha pereza empezar), pero, sobre todo, no le castigues con instrucciones vagas de lo que quieres de manera que tenga casi que adivinar qué le estás pidiendo.

Y, por el amor de Dios, utiliza el campo de asunto de manera sensata. No lo dejes en blanco, ni hagas como una catedrática a la que parece que le gusta cultivar el misterio de adivinar qué quiere, lo cual siempre es una sorpresa, porque escribe su propio nombre de asunto como si el campo de quien envía el correo no fuera suficientemente elocuente.

El asunto del mensaje es la manera que tienes de resumirle al destinatario lo que necesitas de él o de hacerle saber que le estás contestando. Es un telegrama. Sé cortés, breve e intenta que baste con leer el asunto para saber si hay que contestarte rápido, si el tema es urgente, importante o relacionado con un aspecto concreto. Es una terrible falta de educación obligar a alguien ocupado a abrir un mensaje para saber cuál es su tema y una tortura encontrar algo si el asunto de tus correos es tan redundante como tu propio nombre.

¿Cómo se redacta un correo electrónico? Yo practico el método Montoya, llamado así por la famosa película *La princesa prometida*. En ella, uno de los protagonistas busca desesperadamente a un villano, al que cuando encuentre, dirá:

—Mi nombre es Íñigo Montoya. Tú mataste a mi padre. Prepárate a morir.

Estas tres frases muestran la lógica de lo que son las instancias, un documento administrativo clásico, y recoge las partes de un buen correo, uno respetuoso con el tiempo de los demás: presentarte, exponer tu caso de forma sintética y solicitar de manera clara lo que pretendes.

El asunto del hipotético correo que enviaría Íñigo Montoya sería algo así como "Asesino. Prepárate a morir". Corto, preciso, claro e informativo de las intenciones del emisor.

Los contenidos de los correos pueden ser muy variados, y a veces el método Montoya no es del todo aplicable, pero en todo caso, sé claro. Nadie mejor que tú sabe para qué necesitas esa carta que has pedido apoyando tu proyecto. Solo tú conoces quién la va a leer, qué quieres enfatizar o qué detalles te conviene omitir. Hay personas a las que tendrás que contarle con mucho detenimiento por qué te diriges a ellas y otras con las que te puedas ahorrar las explicaciones.

En la mayoría de las ocasiones conviene facilitar el trabajo de la gente y darles un borrador o un ejemplo de lo que quieres, porque sucede a menudo que aunque lo intentes muy fuerte, no se acaba de saber qué estás pidiendo exactamente. Si necesitas que alguien te rellene un formulario para ir a un congreso o que redacte una carta diciendo que te dejen pasar unas semanas en otro laboratorio aprendiendo una técnica, díselo así, pero mándale un modelo con tus datos ya rellenos.

Si, por poner otro ejemplo, estás pidiendo una recomendación, puede que la persona que quieres que te escriba esa carta tan importante para ti tenga sus propias ideas y que decida que eso que quieres que te firme, eso de que eres "un líder mundial en tu campo y futuro candidato al Premio Nobel", es demasiado; pero te agradecerá que le indiques honestamente lo que pretendes que diga. No obligues a la gente sensata a buscar el calificativo alternativo más adecuado a tus delirios (¿quizá sería mejor proponerle la frase "un investigador serio y competente, capaz de realizar el trabajo que se propone"?), ni asumas que el otro puede dedicarse toda la tarde a escoger las palabras más bonitas para tu caso. Pónselo fácil a la gente, que todo el mundo tiene muchas cosas que hacer.

En todo caso, debo decirte otra maldad (otra más) en relación con el caso concreto de solicitar ese tipo de apoyos, y es que la gente ya no suele hacer mucho caso a las cartas de recomendación. Sinceramente, no sé por qué se siguen pidiendo. Más allá de para demostrar que tienes algún amigo de confianza, o que estás bien conectado, no aportan demasiado a un proceso de selección. En el siglo XIX, cuando no había manera fácil de contactar con personas que conocieran a un candidato a, por ejemplo, mayordomo, podían tener sentido; pero hoy, con las facilidades que hay para reunirse por videoconferencia con un candidato y charlar durante cinco minutos, no tienen mucho sentido.

La mayoría de la gente con experiencia en esto, por otro lado, es reacia a ser sincera en temas laborales. En primer lugar, están las repercusiones legales. No vas a ser el primero al que denuncian por haber hecho un informe negativo supuestamente confidencial, así que la tendencia actual, al menos en los países anglosajones, es a no decir nada negativo, porque además nunca sabes dónde va a acabar esa carta de no recomendación que escribes. Ten en cuenta que el concepto de confidencialidad anda de capa caída en la era de la información. Es ilusorio pensar que no se acaba sabiendo quién evaluó tal artículo o tal proyecto, quién presentó una queja o denuncia confidencial o quién vetó que te nombraran para una comisión o para que te dieran un premio. La gente sigue siendo igual de indiscreta que antes y ahora, además, todo movimiento deja huella digital.

Una opción para ponerte de perfil si te solicitan algo inconveniente es la sutileza. Recuerdo un caso en el Imperial College, hace 20 años. Se trataba de contratar a una doctoranda para el grupo de un amigo, y este pidió referencias al director de trabajo de fin de máster de la candidata. La frase clave de la respuesta forzada era "tiene una gran capacidad para hacer que los demás saquen adelante el trabajo".

Esto se podía interpretar favorablemente, en el sentido de describir a una persona capaz de dinamizar el grupo, alguien que quieres en tu equipo porque hace de catalizador, pero resultó ser que tenía unas dotes excelentes para la manipulación y siempre se las arreglaba para que otra persona le hiciera su trabajo. Eso solo se supo después, al cabo de unos meses de contrato y cuando ya era demasiado tarde.

La moraleja del caso es que hay que aprender a leer entre líneas. Y otro consejo: si de verdad quieres que algo sea confidencial, como, por ejemplo, lo que piensas de alguien que trabajó para ti, no se lo cuentes nunca a nadie. Aplica el viejo chiste en el que un amigo le pregunta a otro por algo y este le responde en voz baja, haciéndose el misterioso:

—¿Sabes guardar un secreto?

—Sí, claro —responde el otro bajando también la voz y esperando recibir una confidencia como premio a su discreción.

—Yo también —le susurra el primero.

Gestionar bien el tiempo no solo incluye higiene y cortesía con el correo electrónico, sino evitar las distracciones. No hace falta ni decir que las redes sociales, recorrer el periódico infinitamente hacia abajo en la pantalla, alternar entre los mensajes de texto y el correo, y en general no hacer lo que se supone que tendrías que estar haciendo, son todas formas excelentes de tirar por la borda una mañana irrepetible. Así que no lo hagas.

Si no te has levantado lo suficientemente fino como para escribir genialidades, inventarte experimentos novedosos o revolucionar tu área de conocimiento, seguro que hay tareas monótonas a las que les basta con un 3% de tu cerebro para avanzar. Eso incluye desde leer los trabajos más sencillos de los estudiantes a continuar redactando el manual de la asignatura que das.

Dedica los ratos perdidos, esos en los que no te sientes con fuerzas para crear, para hacer la tarea de nivel inferior, sacar el trabajo. Puedes pulir frases, corregir erratas, revisar borradores, contrastar los resultados de los experimentos, repetir análisis para asegurarte de que están bien o simplemente leer un artículo reciente de tu campo, que es algo a lo que te deberías obligar cada día. La gente que no lee artículos científicos ajenos puede escribir muchos artículos, pero pocos buenos.

Haz cualquier cosa menos mover el cursor por la pantalla como un zombi, quejarte en Twitter de las burocracias inútiles de una universidad sobredimensionada en la parte de administración y servicios, o quedarte mirando a las paredes reflexionando sobre el sentido de la vida. De hecho, esto último te lo puedes ahorrar si eres de la clase de profesores vagos. Ya te lo digo yo: en tu horario laboral, el sentido de tu vida es trabajar, que para eso te pagan.

En la universidad no hay horarios porque, si nos tuvieran que pagar todo el tiempo que en realidad le dedicamos a esto, la Administración no tendría dinero suficiente para compensar las horas extras, fines de semana y vacaciones que dedicamos a trabajar por vocación. Sin flexibilidad y sin libertad, la ciencia se convierte en una tarea poco creativa, aburrida, mecánica y, por lo tanto, estéril. Organizarse uno mismo es la base para aspirar a las grandes conquistas científicas.

No obstante, siempre hay algún "profesor presentista" que necesita que todo mundo esté a su alrededor para sentirse bien. Es de los que se queja de que los pasillos de la facultad estén desiertos de otros profesores (dice que eso no favorece hacer espíritu de facultad). Si tiene a alguien contratado, le hace estar por allí hasta las siete o la ocho de la noche, porque dice que hay mucho trabajo que sacar. Eso sí, él llega a trabajar a las diez, no perdona la casi hora de café a media mañana y se va a casa a comer y a echar la siesta, regresando a las cuatro y media o las cinco para seguir haciendo corrillo.

Estos profesores en su mayoría no investigan, sino que copian los resultados de otros. No saben que las ideas no tienen un horario de ocho a tres y que puede ser mucho más productivo escribir un texto a las 11 de la noche que a la una de la tarde, o que a la universidad le sale más a cuenta que estés tejiendo relaciones con empresas en el centro de la ciudad que leyendo el periódico en tu despacho. Ese horario estándar, derivado del de las fábricas del XIX y del funcionariado, no se ajusta bien al trabajo académico ni al de la élite intelectual.

Si te toca de jefe uno de estos perfiles, intenta hacerle ver que serías mucho más productivo si te dejara organizarte a tu aire. Los argumentos de arriba pueden servirte para iniciar una conversación seria.

34

Las encuestas de los estudiantes

Un tema que afecta mucho la vida de aquellos que están en sus primeros años de profesor universitario son las encuestas que les hacen a los estudiantes sobre la docencia. Este capítulo es para tranquilizarlos.

Creo que estas encuestas dañan la vida académica más que ayudar a la mejora de la calidad docente y que habría que suprimirlas. No son significativas y están llenas de errores conceptuales. Así, por ejemplo, se pregunta a los estudiantes si la guía docente les ha resultado útil en el desarrollo de la asignatura. Si hay varios profesores en la asignatura, no es raro que cada profesor obtenga una nota diferente en ese apartado. Absurdo, puesto que la guía es única.

Esto no sería un problema si se filtran las respuestas espurias, que es lo que se hace en las encuestas profesionales. Pero no es así. Si hay dos o tres estudiantes que ponen un uno a todas las preguntas porque el profesor les ha caído mal, o para vengarse de algún agravio real o imaginario, eso baja la media del profesor, lo cual es injusto, porque no refleja su labor.

Personalmente, siempre me he tomado los resultados de mis encuestas con sano escepticismo. Ayuda el hecho de que en general me ponen bien, por encima de la media en valoración global. Pero siempre he pensado que los estudiantes de universidad aún son demasiado jóvenes y no tienen el suficiente criterio como para evaluar correctamente la tarea docente de alguien que les lleva mucha ventaja en esto de la vida.

Mi impresión después de más de 20 años dando clase y de haber visto las encuestas de mis compañeros durante muchos años es que lo único que consiguen es introducir dinámicas inútiles entre los profesores y los estudiantes, puesto que no sirven en absoluto para arreglar ningún problema. Solo sirven para degradar la tarea docente en la universidad y para bajar el nivel de la formación.

La excusa oficial de que las encuestas sirven para corregir fallos y que el profesor vaya adaptando la asignatura no se sostiene, porque las de, por ejemplo, mi asignatura se pasan en noviembre, pero yo no recibo los resultados hasta el 31 de julio del año siguiente, cuando ya no podría, ni aunque quisiera, hacer cambios en el plan del curso que empezará en septiembre. Para entonces ya se ha cerrado la guía docente, el sistema de evaluación, la programación y hasta el profesorado. Ya no hay mejora estructural posible.

Hay compañeros a los que les preocupan mucho los resultados de las encuestas y que cuando sacan mala nota se lo toman mal. Es natural, puesto que si están empezando no solo los desanima, sino que puede afectar a su consolidación. Optan por bien castigar a los estudiantes, entrando en una especie de "carrera de armamentos" con ellos, bien rendirse. Es a lo que me refería con dinámicas inútiles.

La receta para conseguir buenas puntuaciones es bien sabida: bajar el nivel, no exigir mucho trabajo y aprobarlos a casi todos. Además de ser educado y cortés, claro. No vale de nada hacer esas tres cosas que tanto van a gustar a los estudiantes y luego chillarles por no subrayar bien la palabra patata.

Otra receta que ayuda a salir bien en la foto es compartir la asignatura con otro profesor y jugar al poli bueno, poli malo. En comparación con los segundos, los primeros suelen tener unos resultados extraordinarios.

Hay profesores que alardean en las redes sociales de los buenos resultados de sus encuestas. Está muy bien, siempre está bien compartir los éxitos. Si la encuesta se ha realizado a un número suficiente de estudiantes y el profesor ha sacado una nota alta a pesar de suspender a la mayoría y de mantener un nivel elevado de trabajo y de exigencia, hay que felicitarlo, porque eso es algo muy difícil de lograr.

35

Divulga, pero haz otras cosas

La divulgación científica en la universidad es una parcela a la que has de dedicar un tiempo acotado. Está muy bien, pero siempre que hagas otras cosas. Tenerlo como ocupación principal puede verse como un fracaso en el mundo académico. Todos conocemos casos de profesores que se dieron cuenta tarde de que no eran muy buenos en investigación y se refugiaron en la docencia, donde quedaron decepcionados, pasándose luego a la divulgación.

El divulgador ideal es alguien muy bueno en su campo y que habla sobre todo de lo suyo, pero ese espécimen suele ser muy raro, porque esa gente no tiene tiempo para divulgar. Están ocupados construyendo el futuro. Luego están las personas veteranas que a veces se ponen muy pesadas queriendo regalar su sabiduría y que escriben libros con sus ideas sobre su país, la física, el cambio climático o la universidad. Pero el perfil de divulgador más habitual es el joven.

Si eres joven y quieres hacer carrera académica, muchos te dirán que des prioridad a los artículos de investigación, más valiosos para tu carrera. No les falta algo de razón, pero yo creo que es bueno que al menos lo intentes, aunque te aconsejo que no le dediques demasiado tiempo. Evita no obstante los excesos. No es raro encontrar recién egresados que se comportan como si lo hubieran aprendido todo en los últimos cuatro años. Gente que, por ejemplo, nada más recibir su título de Filosofía empiezan a firmar cosas como "filósofos", a pesar de no haber realizado nunca una contribución original y relevante a la disciplina. Y recuerda también que los jóvenes frescos de hoy van a ser pronto reemplazados por los jóvenes frescos de mañana. No se puede ser la estrella emergente todo el rato. Hay más gente esperando para el puesto de joven promesa.

¿Dónde divulgar? Los medios tradicionales de comunicación suelen estar reservados a los profesionales. Las redes sociales son una buena alternativa, aunque también son un muestrario de gente que dispara recetas inanes y que, provista de una superioridad moral irresistible, se expresa con una suficiencia aplastante. Creo que es mejor ser sencillo y mostrar un espíritu abierto y jovial cuando hables de tu trabajo en estos sitios. Tomarse demasiado en serio a uno mismo no suele funcionar, y además es malo para la salud. Pontificar tampoco funciona.

Lo más importante al respecto de divulgar si estás en la universidad es que primero te consolides como científico y luego pruebes como divulgador. Hacerlo al revés —de ser eso posible— no hace un buen servicio a la sociedad. Ser divulgador en el contexto de la universidad es una faceta más del trabajo de profesor, no una profesión en sí misma. Estar todo el día en los medios sin ser previamente alguien en tu campo envía un mensaje que no te conviene.

Fuera del mundo universitario el funcionamiento es diferente. Hay excelentes divulgadores en las radios, televisiones y periódicos, pero en mi experiencia los buenos son gente que *llega* a la ciencia, no que se ha *caído* de ella. Son periodistas de profesión, vocacionales, y saben rodearse de profesores a los que invitar para ampliar los detalles de las noticias que vamos generando los científicos.

La ciencia es un campo tan amplio que nadie puede aspirar a dominarlo del todo. Trasladar al público las investigaciones más relevantes es un arte que requiere primero tener suficiente criterio para seleccionarlas, sin dejarse deslumbrar por filias, fobias o fuegos de artificio. Y después hay que tener la capacidad de contarlo de una manera accesible a quien no sea un experto en el tema.

El secreto de encontrar el tono apropiado para las audiencias es, como todos los que he desvelado en este libro, en apariencia sencillo. Consiste en hablar no para tontos, como hacen muchísimos divulgadores, sino para personas inteligentes que no prestan demasiada atención a lo que dices. Ajustándote al nivel del auditorio, ya sea cuando das una charla, escribes un libro de divulgación o apareces en los medios, te aseguras de que tu mensaje llega a la gente sin adulterarlo con simplificaciones excesivas.

36
La buena docencia

Otro secreto de la vida académica: la mejor manera de aprender algo muy bien, con mucho detalle y alcanzando un conocimiento exhaustivo y completo es tener que enseñarlo a nivel universitario.

A menudo sucede que uno piensa que sabe algo porque tiene una visión general del tema y cree que lo domina, pero es al explicárselo a otra persona cuando descubre las lagunas, los puntos débiles de las argumentaciones, lo que olvidó o las contradicciones entre lo que sí sabe explicar con precisión y aquello de lo que solo se tiene una idea nebulosa.

De hecho, preparar una buena clase de universidad es un sano ejercicio de humildad que obliga a repasar lo que se creía básico y sabido, a ordenar el conocimiento, a profundizar en los detalles y a tender puentes entre conceptos que tienes que ver con ojos nuevos, porque es muy probable que lo que vas a contar sea algo que tus estudiantes no hayan visto nunca (y que es posible que no vuelvan a ver).

Esto último supone una gran responsabilidad, porque date cuenta de que habrá cohortes enteras de estudiantes cuyas ideas sobre por qué llueve, qué es el arco iris o qué es el efecto invernadero sean las que tú les hayas transmitido. Tú serás el primero en contárselo, pero es posible que también el último. En unos años saldrán ahí fuera y durante el resto de sus vidas tendrán en sus cabezas algunos conceptos en la forma en que tú se los hayas explicado.

Suele ocurrir que los recién llegados a la profesión ven la docencia como una molestia, porque quita tiempo y sobre todo concentración para dedicarse a la investigación. No se los puede culpar. En las etapas iniciales de la carrera el exceso de docencia puede resultar una carga importante. Las clases llegan a percibirse como un lastre para alcanzar cuanto antes la ansiada estabilización. En un mundo ideal eso no debería ocurrir, pero no vivimos en un mundo ideal. La actitud adecuada si te encuentras en esta situación es recordar que tienes vocación docente y que un profesor universitario es las dos cosas: un buen investigador y un buen docente. En todo caso, no te olvides de que tu responsabilidad debe girar alrededor del alumno. Eso es siempre lo más importante.

¿Es mejor dar clase en los cursos iniciales, más básicos, o en los más especializados? Depende mucho de otros factores y de si puedes elegir. El primer curso suele ser fácil de preparar y además te lleva a preguntarte por las bases de tu disciplina, pero los estudiantes aún no suelen ser muy exigentes y no te retan. En cursos más avanzados, y sobre todo a nivel de máster, uno puede indagar sobre conceptos más complejos, pero también cuesta más trabajo preparar clases de calidad.

Es sabido que prepararse bien una asignatura consume mucho tiempo. Es necesario estudiarse 20 o 30 manuales de la materia, crearse con ellos un temario propio que descarte lo que no se considera relevante y aporte algo que no esté en esos libros y luego tienes que, idealmente, escribir tu propio libro de texto. Este proceso, cuando se está empezando en la carrera de profesor, se suele obviar, porque hay otras cosas más urgentes. Lo que se suele hacer es tomar el manual estándar de la asignatura, el que usa la mayoría de la gente, e írselo contando a los estudiantes habiéndoselo leído el día antes. A menudo se suple la preparación seria con PowerPoint llenos de un texto que el profesor se limita a leer. Sufrir este tipo de clases es una tortura, porque a menudo el docente tiene el conocimiento cogido con pinzas y está a la defensiva. Solo una minoría de los profesores jóvenes son capaces de aportar una visión propia de su materia, también en parte porque los compañeros suelen criticar la auténtica innovación docente.

Lo importante es que, hagas lo que hagas, lo hagas bien y que te evalúes constantemente. Con el tiempo se mejora, aunque en los estadios avanzados también hay escollos que evitar. Un peligro que acecha al que lleva dando muchos años la misma asignatura es pensar que lo que cuenta es obvio. Después de repetir algo durante diez, 15 o 20 años, te acaba pareciendo que eso es algo que sabe todo el mundo. Error. Muchos de tus alumnos, la mayoría, lo están viendo por primera vez. Tú piensas que es fácil porque ya forma parte de tu vida y olvidas que, una vez, probablemente cuando tenías la edad de tus estudiantes, aún no lo sabías, y hasta es posible que la primera vez que lo viste no lo entendieras del todo.

Si no te gusta nada la materia que te toca dar, búscale algo bueno y aférrate a eso. Mi experiencia es que lo mejor es adaptarse, sin ser muy exquisito, y ser positivo. A todo se le puede sacar rendimiento y de todo se aprende. Si te asignan una asignatura que en principio te resulta poco atractiva, debes buscar la manera de extraer lo mejor de ella. Por poco prometedora que parezca, seguro que le puedes sacar jugo. Una asignatura excéntrica a tus intereses, o con poco impacto en tu carrera investigadora, puede servirte para aprender una nueva técnica, desarrollar un gusto por otras cosas o simplemente descansar de tu línea de trabajo habitual. También te puede servir para adquirir destrezas diferentes a las que tienen tus compañeros, lo cual puede suponer una ventaja comparativa en tu propia área de conocimiento.

Como ya he contado, durante unos años tuve que dar clase en tercero de Arquitectura. Mi asignatura se llamaba Introducción al Paisaje, Patrimonio y Sostenibilidad. Así aprendí a buscarle un hilo conductor a cosas diversas. Me inventé una asignatura estimulante en la que retaba todo el rato a los alumnos y en la que aprendí a argumentar aprovechando las emociones del público.

Yo en aquella ocasión no pude elegir, pero si puedes, te recomiendo ser valiente también en esto y escoger una asignatura de tu campo cercano, pero con la que no estés del todo cómodo por su dificultad; algo que quieras dominar pero que te suponga un reto. Ese será tu "óptimo docente".

En la práctica, lo que acaba dando un profesor depende mucho de condicionantes externos, pero está bien que sepas lo que deberías hacer si se diera la alineación de astros adecuada y pudieras elegir. Quizá en algún momento, cuando cambien las circunstancias, puedas darla.

La asignatura más cercana a tu investigación suele ser también la menos complicada para ti, así que aunque creas que eres la persona más cualificada para darla, y eso sea cierto, quizá debas dejársela a otro profesor y optar por otra materia que te suponga un cierto desafío. A poco que lo pienses, te darás cuenta de que hay demasiadas cosas que das por supuestas en eso de lo que eres experto, y eso no es bueno para enseñárselo a otros.

¿Qué hace falta para dar una buena clase? Mi opinión es que lo más importante es dominar la materia y ser muy bueno en lo tuyo. Los mejores profesores universitarios son grandes intelectuales sensibles, además, al proceso de aprendizaje humano. Son conscientes de cómo se ha ido construyendo el conocimiento que tienen en sus cabezas y son capaces de llevar a sus estudiantes por ese camino. Han meditado sobre la docencia y tienen sus propias teorías educativas adaptadas a sus estudiantes y a su lugar de trabajo. Les gusta lo que hacen y trabajan con alegría y entusiasmo.

La estrategia educativa concreta que siguen para hacer mejores a sus estudiantes y extirpar la ignorancia de sus mentes depende de cada profesor y de la disciplina. No es lo mismo enseñar la asignatura de Paisaje, Patrimonio y Sostenibilidad en Arquitectura que Física en Ambientales, o incluso que Física en Arquitectura.

Los trucos básicos del oficio son muy conocidos y van desde hablar claro y alto proyectando la voz hasta tratar con afecto a los estudiantes, pasando por hacerles participar, guiarlos en su aprendizaje, diseñar actividades estimulantes y mostrar interés en su formación más allá del aula, del laboratorio o del trabajo de campo.

Enseñar de verdad es más difícil de lo que parece. Crear la *ilusión del aprendizaje* con artificios es relativamente fácil: los alumnos están entretenidos y creen que entienden, lo cual les satisface, pero en realidad no aprenden nada. Han vivido una experiencia, como ver una obra de teatro o una película, pero no han pasado a través de un proceso educativo.

No se trata tanto de que los estudiantes reciban los contenidos del temario, sino de que aprendan cómo se piensa la materia que es objeto de la asignatura. Naturalmente, el primer requisito para poder enseñar esto es que el profesor sepa cómo hacerlo. Si la asignatura es trivial, no hay problema, pero si es de las que sirven para formarse intelectualmente, la buena docencia se convierte en algo muy complicado de implantar y que requiere atención y trabajo por parte del profesor.

Hacer saltar la chispa en los estudiantes a tu cargo es una tarea difícil, pero cada clase es una oportunidad para lograrlo. El momento mágico en el que ves en la cara del estudiante que ha comprendido súbitamente lo que le estabas explicando es probablemente la mayor satisfacción que puede tener un docente. Esa persona nunca volverá a ser la misma. Ha abandonado un marco mental que no servía y ha adquirido uno que le llevará muy lejos. Y lo ha conseguido gracias a ti. Puedes descansar, satisfecho.

37

Los tratos con la burocracia

Si vas a hacer carrera en la universidad, tienes que aprender cuanto antes a lidiar con la burocracia. Hay muchos profesores que se sienten maltratados por la abundancia de procedimientos prolijos, inútiles, redundantes, contradictorios, farragosos y repetitivos que tienen que dar a cada paso de la docencia y de la investigación. Creen que su trabajo tiene más que ver con el que cabría esperar de unos intelectuales exquisitos que tratan de incrementar el conocimiento humano y llevar a la humanidad más allá de sus límites, y les molesta tener que pasarse una mañana recopilando recibos de autobús para que un administrativo dé el visto bueno a unos gastos de viaje. Son de los que creen que se haría un uso más racional de los recursos públicos si pudieran dedicar su tiempo a pensar y escribir.

Estos profesores tienen toda la razón. Pero la claridad de juicio a la hora de entender la realidad no siempre ayuda a saber cómo manejarse en ella.

Para ser un buen profesor hay que tener cintura, es decir, la capacidad de moverse en un ambiente que no es el óptimo y que a menudo puede resultar hostil. Y en este tema concreto, la mejor manera de ejercer esa capacidad y enfrentarse a la burocracia es asumirla con resignación. Es lo que hace la mayoría de la gente y lo que yo recomiendo.

Luego hay otra manera, apta solo para cierto tipo de personalidades, que consiste en acatarla sin perder oportunidad de mostrar sus contradicciones. Esto es un secreto, pero hay una clase de profesores que se empeñan en llevar las normativas al límite con la intención de que alguien se dé cuenta de una vez de lo absurdas que son. Así, por ejemplo, la perversión de hacer que la nota mínima para hacer media sea un 4 y no un 5; que se divida a las actividades en evaluables, recuperables y obligatorias, o que exista un sistema de evaluación no continuo para los alumnos que pasan de todo, mientras que los del sistema continuo se tengan que pasar el curso haciendo trabajo tras trabajo arrastrándose penosamente como *geisha* por arrozal.

Estos profesores entienden que esas restricciones representan una agresión al criterio docente, sin darse cuenta de que están pensadas para evitar unos abusos que eran tristemente habituales en la universidad de los ochenta y los noventa. Ellos siguen la máxima de Miguel de Unamuno de aplicar siempre que se pueda una norma absurda para evitar que se enquiste, haciendo ver su irracionalidad y contribuyendo a que se retire. Pero a veces el tiro sale por la culata, porque la Administración es ciega y permite aplicar normas estúpidas sin pensar en las consecuencias y luego esas acciones perjudican a personas concretas. Es mejor protestar a quien pueda hacer algo que ir de quijote por la vida. Naturalmente, eso no impide la queja. De hecho, si protestas y no te hacen caso, luego te puedes pasar 20 años refregándoselo (cariñosamente) al culpable, lo cual es una pequeña satisfacción personal que quizá no te haga mejorar en su clasificación de estima del personal, pero que a ti te ahorrará visitas al médico.

Una expresión particular de la burocracia es la proliferación de reglamentos. En general, el procedimiento de redacción de normativas, informes y trabajos colectivos es de esas cosas que es mejor no contar. Decía Bismark, el gran político alemán, que la gente no dormiría tranquila si supiera cómo se hacen las salchichas y las leyes. Con las normativas universitarias sucede lo mismo, así que no voy a perturbarte con detalles que podrían hacer perder la inocencia a alguien que ha tenido la amabilidad de leer un libro para saber más de la universidad. Solo diré que, en mi opinión, tiene que existir un equilibrio entre levantar procedimientos rígidos e intrincados que nadie sabe interpretar bien, y que son difíciles de aplicar, y que el profesor se convierta en un sátrapa que hace lo que le da la gana y que no responde ante nadie.

En las universidades serias, antes de que una normativa se apruebe se somete a lo que se llama exposición pública. La idea es que cualquiera pueda llamar la atención sobre algún aspecto, pero en la práctica los autores no quieren volver a discutir una redacción que suele ser el fruto de interminables reuniones y acuerdos, así que acaban respondiendo a las alegaciones con desgana e incluso con displicencia, en muchas ocasiones dejando por escrito que lo que quiere decir la norma cuestionada no es lo que dice, sino otra cosa muy diferente. Esto no contribuye a mejorar la calidad del servicio. Con el tiempo se acaban revelando las fallas, pero el "ya os lo dije" solo sirve para hacer más antipática a la persona que señaló, de buena fe, el problema.

Una vez que la mala normativa está en vigor, ya poco se puede hacer. Es habitual que acaben muy mal redactadas, que algunas de sus partes sean contradictorias o que no quede claro de quién es la responsabilidad de hacer que se cumplan. Un lector atento enseguida percibe las partes que han sido "corta-pegadas", y se da cuenta de a qué responden, pero entonces ya es tarde. En muchas ocasiones el procedimiento para resolver conflictos es tan farragoso y hace perder tanto tiempo que nadie quiere embarcarse en él, y la reforma de las normativas no hace sino reiniciar el proceso burocrático, a veces con peores resultados, porque suele ser más fácil empezar de cero que enmendar.

En un buen número de casos, los que han hecho la normativa no se han dado cuenta del poder que tiene un grupo de personas concitado para saltársela y hacer lo que les parece mejor. Como también he dejado escrito arriba, en la universidad todo el mundo es listo, o al menos más listo que la media, y eso se nota. Cuando el legislador va, ellos ya han vuelto. La *consuetudo contra legem*, el acuerdo para anteponer la costumbre a la normativa, es habitual. El caso paradigmático es el procedimiento para la provisión de plazas en la universidad, que, a pesar de que pretenda regirse por los principios de igualdad, mérito y capacidad en el acceso a la función pública, en la práctica funciona mediante el enchufe, o lo que se conoce técnicamente como cooptación. Las razones en este caso, como he indicado antes, tienen más que ver con la precariedad laboral que con un interés por hacerlo mal.

Las diferentes maneras que se han inventado para que parezca que se hace lo que dice la ley mientras que en realidad se coloca a los propios becarios, familiares y adláteres darían para otro libro. Esta práctica no es ningún secreto, pero tal vez sí la idea, extendida, de que no hay que rodearse de gente muy buena, porque formarlos lleva mucho tiempo y si son realmente buenos se acabarán marchando a establecerse por su cuenta, convirtiéndose en competencia. Esta forma de entender la investigación explica la composición de muchos grupos y de departamentos enteros. La selección para asegurarse de que el elegido no tiene donde irse crea dependencias que rápidamente se trasladan a todos los ámbitos universitarios y que acaban convirtiendo a las instituciones en muermos.

Volviendo al tema de la burocracia, muchos profesores se enfrentan a ella y a las normativas con el arma del cinismo, pero esto es algo que también desaconsejo. Si acaso, es mucho mejor el humor o la ironía. Son mucho mejores para la salud y a menudo más efectivos, porque los gimoteos de los funcionarios despiertan poca simpatía.

Las quejas en Twitter porque cada vez que se va a un congreso hay que pasarse media mañana rellenando papeles o porque para comprar un ordenador hay que tirarse un par de horas dando explicaciones absurdas no se entienden en una sociedad cuyos problemas diarios son mucho más serios. De hecho, se perciben como lloriqueos de señoritos privilegiados. También molesta mucho a los de dentro, que se quejan airadamente a los superiores y esperan su momento para vengarse. Resulta, por tanto, contraproducente hacerlo salvo que tengas una buenísima razón para hacerlo, como puede ser que alguien te lo haya pedido como favor.

Es por todo esto por lo que yo aconsejo el estoicismo al tratar con la burocracia universitaria. En la mayoría de las ocasiones, los que aplican las normas no tienen ninguna capacidad de cambiarlas. Se limitan a cumplir con su deber. Quejarse del trato recibido por el administrativo de turno, que se limita a aplicar el procedimiento, es poco inteligente y solo sirve para significarse como un pesado poco sensible a las tribulaciones ajenas.

Es cierto que siempre te encuentras con algún personaje que va un paso más allá y pide cosas absurdas, como la vez que me hicieron volver a pedir un documento a la NASA porque faltaba un guion entre el número del CIF y la letra, pero la mayoría del personal de administración y servicios no hace esas cosas.

38

La gestión universitaria

Fui decano durante nueve años en una facultad grande, de 75 profesores. Es un tiempo demasiado largo, dos mandatos completos más el año de la pandemia, que retrasó las elecciones. Estar tanto tiempo en un puesto de gestión enseña muchas cosas, algunas de las cuales relataré ahora.

Nunca me llamó mucho la atención el ámbito de la gestión universitaria. Soy más de leer y escribir que de tratar con gente. Mi personalidad es lo que antes se llamaba introvertida. Este rasgo no es *a priori* el perfil más adecuado para un cargo. Si llegué a decano fue por una sucesión de azares, pero debo reconocer que aprendí mucho en ese puesto, empezando por el hecho de que ser tímido no sirve para nada. Quizá sea bueno que todo profesor pase un tiempo en un cargo de cierta responsabilidad a un nivel intermedio, porque, si es listo, eso lo ayudará a entender mejor su lugar en la estructura de la universidad.

Si te tienta presentarte a este tipo de puestos, hazlo. Sin embargo, mi consejo es que retrases todo lo posible tu entrada en el mundo de la gestión, porque una vez que entres será más difícil que retomes el trabajo científico. Creo que es algo que se puede plantear cuando ya se tiene cierto recorrido, en el otoño o el invierno de la carrera académica. En mi caso, ser un decano relativamente joven (me eligieron con 39 años) retrasó notablemente mi programa de investigación y mis publicaciones, y aunque hice buenos amigos y aprendí muchas cosas, postergué otras actividades que me hubieran beneficiado más. Habría sido mejor esperar a los 60 o 65 años para, si acaso, cumplir con ese servicio a la universidad.

¿Qué se aprende en el mundo de la gestión universitaria? En primer lugar, que el personal de administración y servicios es vital para que todo funcione. Empezando por el último ordenanza y acabando por los directores de las diferentes unidades. Entender lo que hacen y aprender a valorar su trabajo es muy importante para tu propio bienestar y para que todo funcione. En concreto, el personal más inmediato, la secretaria del cargo y el apoyo docente, son piezas críticas de una facultad. Sin Consuelo, Marisa, Ana y Jesús no habría funcionado nada.

En segundo lugar, ocupar un cargo te permite conocer en detalle el funcionamiento interno de una universidad. Se aprende por qué algunas cosas funcionan mal o despacio, por qué otras sin embargo van bien y qué hay en cada caso de estructural, qué de recursos humanos y qué no tiene remedio porque es propio de la naturaleza humana. Es vital identificar cuanto antes lo que es posible o imposible, fácil o difícil, conveniente o inconveniente para hacer progresar la investigación y la docencia. Eso evita crearse expectativas poco realistas.

En tercer lugar, desde un puesto de gestión se profundiza en las dinámicas de poder y en el juego de intereses que, a menudo, se contraponen. La capacidad de negociación, de compromiso y de intentar comprender los motivos de los demás en situaciones complejas que involucran a muchas personas son todas ellas habilidades muy deseables y que es difícil adquirir trabajando tan solo como profesor. Ser decano es un curso acelerado de resolución de conflictos y de gestión de intereses entre unos egos que a veces se encuentran fuera de toda escala.

Un cargo también te enseña a valorar organizaciones que quizá te resulten antipáticas por desconocimiento, como las comisiones colegiadas o los sindicatos. Te darás cuenta de que hay órganos que, aunque te parezcan una pérdida de tiempo o lo peor, son imprescindibles para la sociedad. En el caso de los sindicatos, puede ser que como dicen algunos sean una rémora para el avance de la universidad, o un residuo de la época predemocrática, pero te puedo asegurar que si no fuera por ellos trabajaríamos 14 horas al día, de lunes a sábado, sujetos a jefes tiránicos que acabarían con nuestra salud mental con sus caprichos y arbitrariedades.

Por último, un cargo como el de decano permite conocer mejor a tus compañeros, a los otros profesores, y eso es importante. Es muy posible que pases muchos años junto a ellos, ya que la movilidad en este país es muy limitada, así que conviene construirse una imagen lo más precisa que puedas de todo el que tienes alrededor.

No olvides nunca el hecho básico de la universidad que ya he dicho antes. Aquí dentro todo el mundo es listo. O, al menos, más listo que la media de los que están fuera. Hay gente que se las sabe todas. Pero tampoco pienses que a pesar de esa inteligencia —y en la universidad hay gente muy inteligente, de esa que parece de otra especie— todo el mundo está de acuerdo con la máxima de vivir y dejar vivir. Hoy hay una pastilla para todo, pero es que hay gente que está más allá de toda medicación. Y esa gente, a veces, ocupa cargos de responsabilidad.

Conocer bien a tus compañeros de profesión también sirve si te dedicas a escribir novelas. Ostentar un cargo durante cierto tiempo, y nueve años es mucho tiempo, te regala múltiples anécdotas, algunas de las cuales son demasiado inverosímiles como para aparecer en una obra de ficción, pero útiles en todo caso para obtener un panorama privilegiado de la condición humana. En este sentido, el contacto con los demás a este nivel de especialidad te aporta un catálogo inagotable de la variedad de las personas, de sus grandezas y miserias, y de las motivaciones y esperanzas que mueven a la gente y a las sociedades.

En retrospectiva, opino que dar el paso a la gestión no es algo imprescindible ni una etapa que todo el mundo deba cubrir para completar su trayectoria académica, aunque, indudablemente, conseguir que la gente te vote sea un logro personal que merece ser celebrado, especialmente si lo consigues sin prometer nada a cambio. Pero no todos los profesores tienen inclinación para gestionar bien, y no digamos la capacidad para, por ejemplo, ser un buen decano. Creo que los cargos no aportan nada a cierto tipo de personas o al menos nada que ellos, dentro de su nivel de desarrollo humano, no puedan conseguir de otra manera.

En los niveles más altos, de vicerrector o de rector, la gestión es otra cosa. Son puestos vocacionales, a los que accede la gente que tiene un enorme interés en mejorar la universidad y trabajar desinteresadamente para los demás.

Hay un libro excelente que mencioné en la introducción, *Cómo reformar la universidad en 15 días*, escrito por Jaume Porta, antiguo rector de la universidad de Lérida, que recoge los desafíos a los que se enfrenta alguien que opta por asumir ese cargo. Solo digo que la cubierta del libro es una viñeta en la que un rector, al mando de un timón clavado sobre su mesa, mira de reojo a las aletas de los tiburones que emergen del suelo de su despacho. A veces sucede incluso que tus compañeros no te reciben bien de vuelta cuando abandonas el cargo, porque sienten que no has hecho lo suficiente por sus intereses mientras eras vicerrector o rector. Esto es una pena, porque poca gente se da cuenta del nivel de renuncia personal y sacrificio que conlleva trabajar por los demás a todas horas.

Los altos cargos suelen ser un camino de una sola dirección. Regresar desde allí a la docencia es posible, pero a la investigación, es más complicado. Mi muestra estadística para afirmar esto es pequeña —la decena de antiguos rectores y vicerrectores de varias universidades con los que he tenido trato—, pero creo que resulta significativa. Lo que me han trasladado es que alguien que se presenta a un cargo como ese debe asumir que lo más probable es que sea una despedida de la primera línea internacional en tu campo de trabajo y que cuanto antes lo asumas, mejor.

Debo añadir que ninguno de ellos se ha arrepentido, así que ahí tiene que haber algún tipo de aprendizaje de interés para las personas.

39

Qué no hacer

Voy a revisar algunas líneas rojas para acabar esta parte del libro y enfilar su conclusión. Utilizaré un tono desenfadado para quitarle hierro al asunto, pero no pienses que esa licencia literaria pretende restar importancia a unos temas que pueden llegar a ser muy serios. No quisiera dar la impresión de que la vida en la universidad española es un campo sembrado de minas, pero tampoco quiero dejar de compartir algunas claves que creo que pueden resultar útiles a alguien que acabe de llegar como profesor a la universidad y que quiera jubilarse en ella.

En primer lugar, está el ámbito de la ética en la investigación. Los males de la ciencia son numerosos en este negociado, y la profusión de comisiones y de normativas al respecto habla por sí sola. Es un buen indicador de los problemas que existen en España, aunque en muchas ocasiones estas normas se implementan por mímesis de lo que hacen otros sitios. Incluso se han llegado a copiar reglamentos de Harvard, una universidad que nada tiene que ver con las españolas ni en legislación aplicable ni en espíritu.

En este tema de la ética hay muchos libros publicados. Unos son buenos, otros son malos. Unos están escritos con un indisimulable afán inquisidor y otros tienen mejores intenciones. Unos trasladan ideas de ámbitos muy diferentes, como el angloamericano, sin la necesaria crítica, y otros son más sensibles al tema cultural. Los hay que repiten lo que han escrito otros y los hay que aportan observaciones y reflexiones propias. Unos los escribe gente con experiencia y otros, personas que no tienen tanta. En algunos de estos últimos a veces se encuentran errores de bulto, como cuando hablan del "autoplagio", que es algo inexistente en la legislación española.

Basándome en lo que he visto alrededor en varias universidades y de muchas conversaciones con mis colegas, te puedo dar algunos consejos presentados a modo de decálogo exódico:

1. No falsifiques nunca los resultados de un experimento. Nunca, jamás. En los estudios que dependen del trabajo de laboratorio hay una gran tentación por tomar un atajo, sobre todo si tu doctorado depende de publicar unos resultados novedosos. Pero te van a acabar pillando. Es solo cuestión de tiempo. La única duda es cuáles van a ser las consecuencias para ti. Y no pienses que no se sabe porque nadie te lo haya dicho aún. Es posible que alguien tenga guardado en un cajón un bonito expediente tuyo por si necesita sacarlo.
2. No copies ideas ajenas sin darles crédito. Hay gente que se pasa el día rastreando las publicaciones ajenas para ver si les han copiado sin citarlos. Puede que pensaras que una idea tuya era original y no lo sea, y en ese caso no tienes que preocuparte, pero si lo has hecho adrede, tienes un problema. Te vas a encontrar un correo desagradable y posiblemente una denuncia pública muy merecida.
3. No robes ideas. Es más difícil que te pillen que en el caso de no citar los precedentes, pero ponerte a hacer lo que se les ha ocurrido a otros es de esas afrentas que cosen a tu ropa una letra escarlata.
4. No envíes nada a publicar sin el permiso de todos los coautores. Especialmente si te han advertido de que no lo hagas. Lo mismo: te vas a encontrar un correo desagradable y además vas a quedar fatal con tus futuros empleadores, si es que los tienes.
5. No coordines un número especial de una revista para publicarte a ti mismo un montón de artículos. Aparte de

que es reprobable, quedas como alguien que tiene que recurrir a un truco muy poco elegante para publicar. Es indicativo de la baja calidad de lo que produces y de lo inútil que eres. Si coordinas es porque, en teoría, eres una autoridad en el campo, así que haz una introducción o, como mucho, un artículo que marque posiciones o revise la literatura del área. Pero no escribas un artículo de 15 páginas de las cuales 14 sean tu lista de publicaciones.

6. No alardees de publicar en revistas que todo el mundo sabe que publican cualquier cosa que siga un esquema gramatical de sujeto-verbo-predicado. La etiqueta de "prestigiosa revista internacional" puede impresionar a tu panadero de confianza si resulta que no ha leído mucho, pero desde luego no a la gente que trabaja en lo mismo que tú. No hagas pasar una publicación en una revista como *Scientific Reports* o *Frontiers* como una publicación señera.
7. Dicho lo anterior, tampoco seas talibán con las editoriales. Elsevier, Springer-Nature y las revistas de las sociedades científicas tienen tantos problemas y agujeros como MDPI. A esta última se la critica con razón, pero también sin ella.
8. No infles tu currículo. No creas que tu iguales no saben distinguir las revistas buenas de las malas. No queda nadie ya que lo ignore. Si tienes que publicar en las segundas, ten una buena excusa para hacerlo y hazlo como añadido o detalle a una lista solvente, a tu fondo de armario de publicaciones. No te autocites de forma exagerada, sin venir a cuento, o para que las referencias inflen artificialmente tu impacto en el campo. Se nota mucho.
9. No critiques la investigación de alguien que no está presente. La crítica es la esencia del progreso científico, pero esa crítica se la tienes que hacer a la persona, si es que ella quiere, no a otros cuando ella no está. Puedes criticar su investigación por escrito, que es otra de las funciones de la comunicación científica, pero no a la persona en plan cotilleo en los corros del café de las 11 o en los intervalos de las sesiones de los congresos.

10. No hables mal de tus compañeros con desconocidos. Quedarás como un resentido, un envidioso, un ingrato, alguien de quien no fiarse o como todo ello a la vez. Además, tus compañeros se van a acabar enterando. Las comunidades científicas son como una pequeña aldea gala.

En la docencia también hay líneas que no deberías cruzar si quieres tener una vida académica larga y próspera. También en formato de antiguo testamento:

1. No faltes al respeto a tus alumnos. Aunque solo sea porque en cinco años van a estar ahí fuera, trabajando, y que en diez quizá les haya ido mucho mejor que a ti en la vida. Trátalos a todos como si fueran a ser ministros o presidentes de la Sala Primera del Supremo. A veces, de hecho, sucede. Perder los nervios dice muy poco de ti.
2. No confundas dar una clase con un mitin. Tus ideas sobre religión, sexo, familia y otros muchos temas no le interesan a nadie. Salvo que tu materia sea precisamente filosofía política, tu filosofía política solo cabe en el aula con calzador. Para compartir tu cosmovisión tienes las bitácoras. Probablemente no las leerá nadie, pero desfogándote cada noche al menos no harás sufrir a tus estudiantes.
3. No des clase con la intención primera de deslumbrar a los estudiantes con tu sabiduría. Quedarás como un idiota y ellos no aprenderán nada. A clase se va a enseñar, no a lucirse y a que todos vean lo listo que eres. Si de verdad eres muy bueno, ya se enterarán por terceros o buscándote en internet. Decirles que has ganado un Nobel suele ser una autopista directa hacia el ridículo, especialmente si no es cierto.
4. No vayas a dar clase sin habértela preparado. Se nota a los 20 segundos. Dar una buena clase empieza por dominar la materia, pero también tienes que hilar un buen

argumento o un programa de aprendizaje para los que aún no saben lo que vas a contar. Una clase improvisada suele salir mal, aunque seas un genio y tengas mucha experiencia.

5. No repitas como un loro, año tras año, las mismas frases, leyendo década tras década el mismo PowerPoint. Los alumnos jugarán a sincronizar sus labios con lo que vas a decir, porque lo tienen escrito en los apuntes que se transmiten de curso en curso o en las grabaciones que hacen de tus clases sin que te des cuenta.
6. No suspendas porque te caiga mal el estudiante. No dice nada bueno de ti y es injusto. Puede caerte mal porque te recuerda a alguien que te hizo daño o por razones hundidas en el fango de tu inconsciente, de las que el pobre estudiante no tiene ninguna culpa, así que sé objetivo y profesional e intenta sobreponerte a tus sesgos.
7. No suspendas tampoco porque tengas la certeza de que el estudiante ha copiado a pesar de no tener pruebas. La presunción de inocencia se aplica también aquí.
8. Si no se te entiende nada cuando hablas en clase, procura no ponerte estupendo y dar lecciones a los demás sobre la docencia y la vida académica, porque te pueden acabar sacando los colores.
9. No apruebes por presiones o amenazas. Aparte de que también es delito, demuestra que eres un pusilánime. Es algo difícil de demostrar, pero más allá de que te libres de una sanción, quedarás fatal cuando quien se salió con la suya cuente cómo lo logró.
10. No exijas a tus estudiantes lo que te habrías exigido a ti mismo. Si estás dando clase en la universidad es que probablemente eres un superviviente del sistema. Tu sesgo en este sentido es enorme. Gradúa tu exigencia a un valor medio, no al de los superdotados. Recuerda que la nota máxima no es para elegidos, sino para los que han hecho bien lo que había que hacer, y que eso puede incluir a muchos alumnos. No pasa nada por poner un diez a media clase si lo merecen.

En gestión y en la vida social de la universidad también hay líneas rojas. Cosas que no deberías hacer si no quieres enajenar innecesariamente a los trabajadores, a tus compañeros y en general a los ciudadanos que pagan religiosamente sus impuestos:

1. No te quedes ni con un céntimo de dinero público. No haría falta decirlo, pero hay gente que le compra a sus hijos un ordenador con fondos de la facultad y el chico luego va presumiendo en el instituto. Todo se sabe, y la gente se enfada. Lo menos que te va a suceder es que tengas que devolver el dinero rápidamente.
2. No uses los medios públicos para tus actividades. Quizá puedas usar el portátil del trabajo para tus cosas, pero no vayas al colegio a por los niños en el coche que supuestamente necesitabas para un proyecto de investigación. Algún padre que también trabaje en la Administración se va a ir a quejar a tu decano.
3. Nunca, jamás, falsifiques un documento público. Tampoco haría falta decirlo, porque es de esas cosas que exceden la ética para pasar al Código Penal, pero hay gente que escribe que ha llenado el depósito del coche de la facultad en un viaje de trabajo de campo hecho precisamente el día en que el coche se encontraba reparándose en el taller. Que ya es mala suerte.
4. Criticar al personal de administración y servicios es una muy mala idea, salvo que ya estés tan en las alturas que todo te de igual (común a partir de cierta edad), que tengas varias ofertas para irte de catedrático a otro país cobrando el triple (habitual a poco bien que lo hayas hecho en tu carrera) o que tu sueldo de la universidad sea un mero complemento de tus otros ingresos (sí, eso existe). Es injusto, en todo caso, porque ellos tienen un trabajo poco creativo que puede llegar a ser ingrato. Aunque a veces parezca que no comprendan las particularidades del tuyo, ten en cuenta que tu flexibilidad laboral te otorga un privilegio que ellos no tienen.

5. No exageres alegando méritos. Si dices que estuviste de estancia en la Universidad de Oxford y resulta que lo que sucedió es que pasaste unos meses en Oxford Brooks, que es algo bien distinto, lo menos malo que te puede pasar es que se rían de ti.
6. No exageres tus afiliaciones pasadas. No es lo mismo haber pasado dos años contratado como "postdoc" en una universidad extranjera que ir de excursión en julio y agosto, y a partir de ahí fardar de que hiciste una estancia en Cambridge. Un buen criterio para saber si una estancia es de verdad o son unas vacaciones pagadas es que hayas firmado artículos con la dirección postal de allí. Otro es que te hayan pagado fuera para que trabajes para ellos, no que hayan dado una ayuda en España para ir a engordar artificialmente tu currículo.
7. No alardees de tu puesto en la universidad si el tribunal que te dio la plaza estaba formado por amigos, por tu jefe, tu director de tesis o lo sugeriste tú, o si el perfil de la plaza fue un traje a medida para ti. Estas cosas se saben y quedas como un engreído dándotelas de titular o catedrático excelso. Si has entrado así, no pasa nada, es muy común, pero practica la humildad y la sencillez.
8. No pretendas convertir tus carencias intelectuales y afectivas en normas obligatorias para los demás. Si tú necesitas estar rodeado de alumnos que te adoren y te jaleen porque los de tu edad ya pasan de ti, no lo vendas como que hay que estar más en el campus para crear "espíritu de universidad". Reconoce que no te aguantan ni en tu casa. Una vez más, haz lo quieras, pero no quieras imponer normas a la gente que no necesita la adoración de unos estudiantes que todavía se están formando.
9. No crees problemas a los cargos de la universidad. Si se te olvida ir a un examen (sucede a veces), soluciónalo oficiosamente y con mano izquierda antes de que entre en un conducto oficial en el que al decano no le queda más que aplicar la normativa. Si te has equivocado con una factura, paga de tu bolsillo. Si has enviado un correo

precipitado, discúlpate. Si tenías un mal día y has hecho algo que nunca debiste hacer, como chillar a un alumno torpe, soluciónalo antes de que la cosa se complique. Si te has equivocado al evaluar, asúmelo. Casi todo tiene arreglo si se gestiona pronto y con buena voluntad. Los cargos por encima de ti no están ahí para fastidiarte, pero tampoco pueden dejar de hacer bien su trabajo porque tú te hayas equivocado y no quieras arreglarlo amigablemente.

10. No utilices un tribunal, una comisión de evaluación o un puesto ejecutivo para vengarte de agravios. Si tienes que tramitar algo de una persona con la que has tenido un conflicto, inhíbete inmediatamente o te enfrentarás a una denuncia muy seria. Pero más allá de lo legal, está muy feo utilizar un nombramiento para eso, sobre todo, porque puedes acabar perjudicando a alguien que no tuvo nada que ver con el asunto, como un colaborador de aquel que retrasó injustamente tu promoción o de quien va hablando mal de ti. Sé elegante. Si no puedes superarlo, ve al médico a que te mire bien.

En conjunto, todas estas líneas rojas pueden asustar un poco. Dan la impresión de que las universidades están fatal. Pero no es así. Lo que he recogido son excepciones que suceden de vez en cuando, casos puntuales que se corrigen y que a veces son más bien fruto de descuidos o de no darse cuenta de las cosas por estar viviendo en un mundo de fantasía e ilusión. La gente de la universidad es proverbialmente despistada.

La inmensa mayoría de las personas a las que pillan haciendo una de estas cosas tan feas se disculpan enseguida, arreglan el destrozo y no lo vuelven a hacer. Créeme: el sistema funciona.

Si caes en alguno de estos feos vicios o cruzas alguna de esas líneas, hay una norma general aplicable tanto a la investigación como a la docencia y la vida académica. No te empecines en tus errores. No seas terco. Si te has equivocado en algo, reconócelo a tiempo y repara el daño.

PARA ACABAR

40

Para los padres de los futuros universitarios

Cuando pasé a mis amigos el primer borrador de este libro para que me dijeran qué les parecía, uno me dijo que echaba en falta un capítulo dedicado a los padres de niños de primaria y secundaria. La ausencia tenía su explicación, puesto que, como dije al principio, empecé a escribir este libro para mi amigo Toño y su hijo ya mayor, de 18 años, pero sí que es cierto que puedo añadir algo que quizá sea útil para los padres de gente más joven.

Todos los cursos hacemos una encuesta a los alumnos de primero de carrera, y a partir de los resultados he ido extrayendo conclusiones de lo que les ha pasado antes, en las etapas formativas de primaria y secundaria. Cuando he compartido esta información con otros decanos, he visto que mis impresiones no difieren mucho de las que tienen en otros sitios y en otras carreras.

También sucede que casi todos los años voy a algunos colegios a dar charlas, y hablando con los profesores, directores y con los mismos niños, me he ido haciendo un esquema tanto de la evolución en las últimas décadas como de qué se puede aconsejar desde el fin del camino a los que están empezando a formarse.

Un primer consejo es no preocuparse tanto de qué va a estudiar el niño como de que adquiera hábitos de estudio. Eso es lo importante. Tiempo habrá para elegir. Los niños cambian mucho. La niña que con seis años quiere ser médica puede acabar queriendo ser ingeniera aeronáutica porque ha conocido a algún adulto al que admira y que se dedica a ello, o porque a los 13 años le fascinó un programa de aviones que vio en la tele.

Tendemos a subestimar el poder de los medios de comunicación en este tema. Me he referido anteriormente a la famosa *Big Bang Theory*. Pues bien, esta serie parece que está detrás del *boom* en las vocaciones adolescentes de física, al igual que unos años antes otra serie, *Urgencias*, llenó las facultades de Medicina. En el caso de la carrera de derecho, ha habido tantas series de abogados que resulta difícil seguir las influencias culturales. En España influyó mucho *Turno de oficio* y *La ley de Los Ángeles*. Un tercer caso son los estudios de criminología, una carrera que, a pesar de no tener muchas salidas, tiene una enorme demanda. En ello influye sin duda que la mayoría de las películas, series y novelas tratan de crímenes.

¿Qué pueden hacer los padres que estén muy interesados en que sus hijos lleguen algún día a la universidad? En el capítulo siguiente trataré el caso de los niños genios, los que tienen las ideas muy claras y que son una excepción. En los casos generales, para la inmensa mayoría de la gente, lo mejor suele ser no presionarlos y, si es posible, no hablarles de la universidad como una meta. Es mejor dar por hecho que el proceso natural de aprendizaje puede llegar hasta el final, pero sin meterles una preocupación innecesaria en la cabeza.

Por otro lado, no creo que todo el mundo deba tener una carrera universitaria. Ni siquiera todos aquellos que son más listos que la media. Uno se puede ganar perfectamente la vida y ser muy feliz sin haber pasado por las aulas y hay profesiones muy especializadas y enriquecedoras que no pasan necesariamente por la universidad, por más que al Estado le haya entrado la manía de convertir casi cualquier cosa en una carrera.

Para ser una buena mecánica de aviones, un bombero eficaz, una buena cocinera o un buen sastre, no hace falta ir a la universidad. Hay muchos estudiantes que harían mejor en seguir un sistema de formación profesional y de aprendizaje tutorizado en una empresa y olvidarse del supuesto estigma de no tener una carrera.

Así pues, otro consejo es que no obligues a tu hijo a ir a la universidad si no quiere. No es ningún desdoro. De verdad. Si esa no es su inclinación y su pasión, será mucho más feliz incorporándose enseguida a un mercado laboral que, por otro lado, ofrece mejores perspectivas inmediatas para la formación profesional que en el caso de los universitarios.

La oferta pública en formación profesional es amplia y barata. Sucede lo mismo que con la universidad pública, que es excelente y asequible. El coste de un curso de FP es similar al de uno de universidad, unos 1.500 euros al año. Es una cantidad ridícula comparada con lo que cuesta un diploma de pastelería en una escuela privada, 21.500 euros al año. Y, además, hay becas.

Los técnicos de grado medio y superior tienden a estabilizarse antes, a tener hijos en edades más tempranas y a desarrollar una red social más robusta. Sí que es cierto —está demostrado empíricamente— que a la larga los universitarios ganan más de media y que son más felices, pero eso es de media y a largo plazo. Los casos particulares pueden diferir mucho y, aunque animo a todo el mundo a ir a la universidad, creo que no pasa nada por no haber ido. Cabe añadir que algunos grados superiores de FP se acercan bastante a ese proceso de metamorfosis que, sostengo, es la clave de la enseñanza universitaria. Hay también una transformación de la persona, a un nivel que no se debe considerar inferior ni en grado ni en calidad al que ofrecemos en la universidad pública.

Tengo buenos amigos que no han ido a la universidad y que dicen cosas mucho más sensatas que algunos catedráticos con los que he tratado, y otros que sí son universitarios pero que lamentan haber malgastado cinco años de su vida estudiando algo que nunca les gustó y que no les ha servido para nada. Habrían preferido dedicarse a su vocación, ya sea la cocina, en un caso, o la mecánica de motos, en otro.

Así que, más allá de repetir que considero que ir a la universidad es algo muy bueno y deseable, diré que no lo considero imprescindible ni para tener un buen trabajo ni, por supuesto, para ser feliz.

41
Los niños con capacidades especiales

Hay bastantes niños con capacidades especiales, aunque muchos menos de los que se pretende. Debido al propio diseño de las pruebas, la inteligencia en los humanos sigue una distribución gaussiana. Esto quiere decir que solo hay unos cuantos niños que están por encima de dos desviaciones estándar sobre la media (los listos), es decir, 21 de cada 1.000 (2,1%). De tres desviaciones estándar (los muy listos), solo hay 1 de cada 1.000 (0,1%).

En el lado opuesto de la distribución pasa lo mismo. Solo hay 1 niño de cada 1.000 con graves problemas de inteligencia (0,1%) y solo 21 de cada 1.000 (un 2,1%) que son un poco más lentos de lo normal.

En resumen, el 68% de los niños oscila alrededor de la media. Luego hay otro grupo de un 13% que son un poco menos despiertos y un 13%, un poco más.

Sumando estos porcentajes y redondeando, el 95% es normal; un 13%, despierto; un 2%, inteligente y un 0,1%, muy inteligente.

Dicho de otro modo, mientras que en una clase grande de 50 alumnos es probable encontrar a uno en la categoría de "inteligente", hacen falta diez clases de 50 alumnos para toparse con alguno "muy inteligente". Un profesor que lleve diez años dando clase a un grupo grande de 50 alumnos se habrá encontrado, como media, a un único alumno excepcional en todo ese periodo. Si el grupo es de 25 alumnos, tendrá que esperar 20 años. Un decano de una facultad media como la mía se encuentra dos o tres estudiantes como estos cada diez años.

Pero es que, además, un niño de ocho años inteligente a su edad (el 2,1%) no tiene por qué serlo a los 20. Y lo mismo para los muy inteligentes, el 0,1%.

Hay padres que se esfuerzan demasiado en que sus hijos sean considerados especiales. Aun cuando lo sean, el efecto de hacer demasiado énfasis en este aspecto intelectual suele ser crear una presión insoportable en el niño, que a veces reacciona en la dirección opuesta.

En mi experiencia, suele ser mejor agradecer a la naturaleza ese plus de inteligencia que te ha caído del cielo y no darle más importancia de la que tiene, intentando procurar un desarrollo armónico del niño que tenga en cuenta otros aspectos, como la sociabilidad, la sensibilidad, los afectos o la habilidad motora.

Crear expectativas poco razonables puede acabar frustrando a un niño que sea mucho más inteligente que la media, pero que no sea un genio. Aunque juntarlo con otros niños parecidos puede ayudar en algunos casos, en otros lo puede ayudar todavía más no etiquetarlo y ni siquiera hablar del tema.

Imaginemos qué pasaría si a un niño especialmente agraciado le estuviéramos diciendo todo el día lo guapo que es, si siempre que habláramos de él en público y en su presencia mencionáramos que es guapísimo y que todo el mundo se lo reconoce, incluidos los profesores y que lo lleváramos a pasar los fines de semana y los veranos a campamentos solo de niños guapos. Sería un milagro que superara la adolescencia en buenas condiciones psicológicas. Pues con la inteligencia pasa igual. En la mayoría de los casos el niño saldrá o insoportablemente creído, o sintiéndose un impostor si es que él mismo no se considera tan listo.

Dicho esto, sí que hay niños que son genios, de esos que pertenecen al 0,1%. A menudo eso es patente desde la infancia y no hace falta una prueba técnica para verificarlo. Como regla general, si crees que tu hijo es muy listo, pero no estás seguro de si es o no un genio, no hace falta que le hagas ninguna prueba: es poco probable que lo sea. Si no me crees, no te preocupes. Hay varios negocios pensados para darte la alegría de que resulta que tu hijo es la excepción a esa percepción mía.

Si resultase que tu hijo realmente fuera un genio, el sistema público educativo español no fomenta que esos niños lleguen a la universidad a los 14 años, acaben sus estudios a los 17 y el doctorado a los 20, por lo que a menudo sus capacidades se van marchitando mientras se aburren en un sistema demasiado lento para ellos. Eso cuando no son machacados por abusones de patio de colegio, que acaban extirpando a golpes toda sed de conocimiento.

Como casi siempre, si se dispone de medios económicos, la solución es más sencilla, porque la familia puede trasladarse a otro país o se puede buscar una educación privada para muy altas capacidades. Pero en el caso del sistema público y para familias de clase trabajadora, media, o incluso media-alta, un hijo que sea un verdadero genio puede convertirse en un problema más que en una bendición.

Una cosa que no se debe hacer con estos niños es limitarlos o darles información falsa. No se les puede decir que en realidad no son tan listos o quitar importancia a sus logros. A veces se hace esto para que no se vuelvan unos creídos, pero eso tampoco es bueno, porque les puede volver inseguros, que es peor. Hay que reconocer sus méritos y fomentar sus capacidades, procurando mantener un sano equilibrio entre reconocerles que sí son diferentes y que eso no suponga una traba para su desarrollo social.

Hay que procurar también alentar sus intereses, darles toda la información que pidan y ayudarlos a encontrar su camino en la vida, uno que de seguro va a ser particular y que es muy probable que pase por la universidad.

Una obligación de los profesores de universidad es intentar que ninguno de estos alumnos con talento se quede atrás. Tenemos que luchar para que el 13% de los menos despiertos ascienda un escalón, aunque sabemos que el 0,1%, los muy poco inteligentes, es probable que no lo consigan. Es inevitable. Pero a veces nos olvidamos del otro extremo, el de los listos o muy listos. A ellos hay que aportarles una formación de excelencia. Los muy inteligentes van a ser, como decía arriba, pocos; uno por curso en una clase de 50 estudiantes, por lo que el agradecimiento de estos alumnos no va a disparar los resultados de las encuestas docentes del profesor. Pero no olvidarlos es la única manera de que la sociedad pueda dar esos saltos de conocimiento imprevisibles y revolucionarios.

42
Qué puede pasar si sigues estos consejos

Es posible que haciendo todo lo contrario de lo que he sugerido en este libro, acabes teniendo un gran éxito personal y profesional. Pero es poco probable. Habrá alguna persona a la que le vaya bien ignorando estos consejos, y me encantará conocer los detalles si así fuera, pero me temo que, con toda probabilidad, el caso será una excepción que se pueda explicar de manera sencilla atendiendo a factores puntuales, poco generalizables, y a un conjunto de azares irrepetibles.

De hecho, debo decirte que si eres un estudiante de grado con ilusión por ser universitario y decides ignorar estos consejos lo más probable es que tu paso por esta casa sea inútil y que acabes en trabajos que no se corresponderán con la cualificación que podrías haber logrado siguiéndolos. No te digo que si los ignoras sea imposible que acabes donde quieres. Solo te digo que si no los sigues será menos probable que lo logres.

Si eres ya un doctorando e ignoras los consejos que doy para esa etapa de la universidad, es también muy probable que acabes formando parte del perfil de persona que sale en televisión diciendo que tiene no sé cuántos doctorados y carreras, pero que no encuentra trabajo. En el 99% de los casos se explica por no haber hecho algo importante de lo que he querido compartir en este libro: pensar que el fin de la educación universitaria es obtener un diploma firmado por el rector, en vez de sufrir una metamorfosis.

Si eres un profesor que ha empezado hace poco, y te parece que no tengo razón en mi enfoque vocacional, y crees que es mejor hacer lo contrario de lo que digo, incluyendo no prestar atención a tu docencia porque eso no cuenta, hacer pasillo, o pasar mucho tiempo en la cafetería en vez de dedicarte a trabajar, creo que te equivocas.

Solo las personas muy engreídas son tan ciegas de sí mismas como para poder vivir en esa ficción sin desmoronarse. El grado de narcisismo necesario para vivir así es de los que rompen la escala, y no todo el mundo puede aspirar a alcanzar ese nivel de ensimismamiento. Si eres normal, un día te darás cuenta de que eres un impostor, que te dieron tu cátedra pagando a una editorial suiza por publicarte artículos malos o yendo de enésimo autor en publicaciones en las que no participaste y que tus iguales tienen razón en despreciar tu trabajo. Asúmelo y, por favor, no molestes a la gente que está en esto por vocación.

En el lado positivo, si tienes en cuenta mis consejos te puedo decir que lo más probable es que te pase lo siguiente.

Si eres estudiante, es muy posible que esas pautas te faciliten mucho tus primeros años en la universidad: acabarás una carrera sin problemas, obtendrás buenas notas y, sobre todo, habrás adquirido una serie de habilidades que te convertirán en alguien empleable, no en alguien cuyo argumento principal para que le contraten es que tiene un papel firmado. Insisto en una idea clave: un título de grado, o el doctorado, es solo un pasaporte: lo necesitas para cruzar una frontera, pero una vez que lo haces, estás solo en un sitio desconocido.

Si eres un doctorando y me haces caso, acabarás esos años extenuado —eso va de suyo con esa etapa de la formación—, pero en el trayecto habrás aprendido mucho sobre temas fascinantes que muy poca gente conoce. Habrás vivido ambientes en los que todo el mundo es muy listo, habrás visto mundo y estarás en muy buena posición para poder dedicarte a la docencia y a la investigación. Quizá no en España, pero te garantizo que en un país con mejores políticos encontrarás un trabajo de lo tuyo en el que te pagarán mucho más que a la media de la gente de tu edad.

Si estás ya en el sistema y has seguido mis consejos, tu investigación mejorará, tu carrera se proyectará hacia adelante, y pronto empezarás a obtener los frutos de tu vocación. Te darás cuenta de que, a pesar de todos los problemas que te rodean, estás donde siempre quisiste estar. Y, sobre todo, trabajarás con ilusión. Te levantarás cada mañana con ganas de trabajar y te sentirás en posesión de tus capacidades y talentos, y no sintiéndote el actor de una farsa. Esa es una sensación muy agradable y uno de los componentes de la felicidad. Ser dueño de uno mismo y poder llevar una vida productiva es maravilloso.

Los años de la carrera, ya sea en el grado, en el postgrado o en el doctorado, son especiales e irrepetibles. Si llegas al final del camino académico recordarás cada vez con más cariño los años de doctorado (los más duros; pero el tiempo tiende a borrar las partes negativas) y te parecerá que tus primeros años en la escala docente o investigadora no fueron fáciles, pero que merecieron la pena, considerando lo que has logrado.

Echarás la vista atrás y te darás cuenta de que algunas de las investigaciones que hiciste tenían más importancia de lo que creíste entonces y que poco a poco te has ido construyendo una personalidad científica y docente. Es posible, incluso, que la gente se fije en lo que has ido haciendo y que te empiecen a valorar. Aunque tampoco fíes tu bienestar a que eso suceda. Siempre hay más probabilidades de que no te reconozcan que de lo contrario.

No pasa nada. No hacemos esto para que nos aplaudan ni para esperar que nos feliciten por lo que hayamos logrado. Lo hacemos porque nos gusta, por satisfacción personal.

43
Una cosa más

Quizá hayas visto alguna vez un episodio de la serie *Colombo*. Si no lo has hecho, seguro que en YouTube o en alguna reposición ocasional tienes ocasión de hacerlo. Es antigua, de los setenta, pero persiste en el tiempo y sigue teniendo buena acogida.

Es la típica serie de crímenes. Todos los episodios tienen el mismo esquema, pero uno muy original. Desde el principio sabemos quién lo hizo. No hay sorpresas por ese lado. La gracia del guion no es esa, sino ir siguiendo cómo el detective Colombo consigue probar quién es el asesino. La moraleja de la serie en su conjunto es de hecho muy importante: que en un Estado de derecho, la prueba lo es todo.

Hay un *leitmotiv* de la serie especialmente simpático y es que cuando parece que el malo se va a librar, que el detective no encuentra la clave, entonces, en el último momento, Colombo, según se marcha, se da la vuelta y suelta su frase fetiche: "Solo una cosa más". Y entonces descubre el pastel, las pruebas incriminatorias que hacen que el malo no tenga escapatoria.

Pues, como diría Colombo, "solo una cosa más".

Esa cosa es que todo lo que he escrito arriba puede estar equivocado.

—¿Entonces? —me dijo mi amigo Toño cuando acabó de leer el primer manuscrito de este libro y llegó a la frase anterior—. ¿He leído esto para nada?

—No, hombre, nada de eso —le contesté—. Lo que quiero decir es algo un poco más complejo y que merece ser puesto negro sobre blanco.

Y entonces escribí lo que sigue para cerrar el libro.

Lo que dicen los libros no es nunca una verdad absoluta. Cualquier autor, hasta el más inteligente o entregado, ignora cosas. Todo lo que sabe una persona del mundo en el que le ha tocado vivir no es más que un conjunto de destellos aquí y allá, y lo que se escribe, una forma de ordenarlos. Hay que ser escéptico, en general, y los libros no son una excepción.

Pero tampoco pienses que este libro es "la universidad según Tapiador". Aunque he procurado darle un toque personal a la narración y podría parecer que he elevado a la categoría de caso general mi propia experiencia, esa manera de contar es un mero artificio literario, unos ruedines para traerte hasta aquí. Si el lector compara este libro con la *Defensa del estudiante y de la universidad*, de Pedro Salinas, se dará cuenta de que no soy el primero en decir estas cosas, ni en emplear el mismo tono que el poeta-profesor. Y muchos de mis contemporáneos han tenido experiencias similares.

Dicho de otro modo, la sustancia de lo que he escrito no es inventada. No es solo el resultado directo de mi experiencia personal, sino que forma parte de lo que muchos profesionales pensamos que tiene que ser la educación superior. Es decir, el estilo y las anécdotas del libro, siendo verídicas y propias, son una especie de hilo conductor para que hayas podido llegar hasta aquí leyendo sin cansarte demasiado, pero las ideas reflejan las reflexiones de un grupo amplio de personas de varias generaciones, con mucha experiencia en la universidad y sin ningún otro interés que el de seguir prestando un mejor servicio a la sociedad.

Este ensayo contiene pues una serie de hipótesis basadas no solo en la observación, sino también en la trayectoria conjunta de varias personas. Lo que he escrito es el resultado de una larga experiencia y de mucha reflexión sobre la docencia en diferentes puestos. En nueve años de decano, por poner un ejemplo, se advierten muchas cosas y se conoce a muchísima gente. En más de 20 de docencia, también. No solo se aprende de los alumnos, sino también de tus propios compañeros, como he relatado. Aun así, mi visión, como la de mis colegas y la de casi todo el mundo, es una mirada a través del ojo de una cerradura, y todo buen científico sabe que cualquier conocimiento es provisional y está sujeto a validación independiente. Habrá muchas personas que añadan matices a lo dicho o cuya experiencia sea diferente. Es normal, y es bueno que así sea.

Livia, una doctoranda mía que se leyó el borrador de este libro, me hizo de hecho un par de comentarios al respecto que creo de interés recoger aquí. Uno es que los consejos que doy son más aplicables a los que pueden estudiar una carrera sin necesidad de trabajar. Lo asumo, pero es la norma. A los que necesiten trabajar para estudiar, mi consejo es que hagan la carrera más despacio, al principio a medio curso por año y luego, si pueden, a cursos completos.

Otra crítica de Livia fue que el horario que sugiero en el capítulo 4 sería genial que se aplicase en carreras de ciencias y en ingenierías, porque no en todos los sitios se tiene tanto cuidado en que la carga de trabajo del estudiante no sea excesiva. En la UCLM, sí, y por eso puede ser que mi propuesta sea más bien un ideal al que tendrían que tender en esos sitios en los que no acaban de darse cuenta de que el estudiante tiene que comer y dormir.

Este tipo de comentarios muestran que el mundo, como digo en el capítulo 17, es muy grande. A pesar toda la experiencia que he recopilado hablando con unos y con otros, me he podido equivocar en mis análisis. A los libros hay que darles importancia, sí, porque son una forma muy organizada de conocimiento y se les supone cierta calidad. Son la cristalización de las reflexiones humanas. Pero ningún libro es infalible, porque los autores no lo somos. Los libreros tendrían que buscarse otro trabajo si quienes escribimos tuviéramos que esperar a saberlo todo de algo para publicarlo o a estar absolutamente seguros de todo lo que decimos.

Esto puede parecer contradictorio con lo que he dejado escrito en el capítulo anterior, cuando aseguraba, con cierta suficiencia característica mía (en mi descargo debo decir que me intento corregir), que si no seguías mis consejos te iba a ir mal, pero que si tomabas en consideración mi experiencia, poco menos que ibas a alcanzar el nirvana. Eso lo mantengo. Para un 99% de la población, lo que se sabe que funciona es lo que he escrito arriba. Pero no descarto las excepciones.

Dicho esto, tómate el libro como lo que es, una visión idiosincrática de la universidad, sin otras intenciones que prestar un servicio a los que no la conocen bien y mejorar una institución que se ha convertido en mi casa.

Lo he escrito ahora porque tocaba. Llegada cierta edad, cuando la jubilación está más cerca que los años de doctorado, la vida académica se ve de otra manera y uno puede empezar a decir cosas que antes podían considerarse presuntuosas para alguien que todavía no hubiera alcanzado el máximo grado académico. Estoy seguro de que, dentro de 20 años, cuando me jubile, querré matizar algunas de las afirmaciones que hago en este libro. Eso para mí no es un problema. Al fin y al cabo, esto es un ensayo, una reflexión urgente. No obstante, aunque cambie de opinión en algunos temas creo que es poco probable que quiera enmendar el texto en su totalidad, y por eso me atreví a enviarle el manuscrito a mi editora.

Para acabar, y dirigiéndome a los lectores a quienes iba destinado el libro cuando lo empecé, a los que empiezan pronto la universidad, quiero que sepáis que hay personas que no están nada de acuerdo con esta visión ni con las ideas y consejos centrales que he ido desgranando en este libro, en especial con el tema de la vocación, del esfuerzo y de la doble función social de universidad como el lugar de la formación de élites y donde se intenta mejorar a la sociedad a través del conocimiento. Por otro lado, muchos otros profesores están de acuerdo conmigo y creemos que esas personas están equivocadas. Ellas creen que lo estamos nosotros, así que tú verás.

Como te he querido transmitir a lo largo de estas páginas, a la universidad se viene a desarrollar criterio. El responsable último de lo que decidas hacer con toda la información que te he dado eres tú.

Agradecimientos

Este libro no habría sido posible sin el apoyo constante de la Universidad de Castilla-La Mancha a mi proyecto intelectual. El envidiable régimen de libertad académica del que disfruto dice mucho a favor de esta institución, una universidad que realiza una tarea social impagable en su ámbito geográfico. Las personas que lo hacen posible merecen mi sincero agradecimiento, y mis disculpas si en mi afán de hacerla aún mejor soy a veces más crítico de lo que debiera.

Un escritor siempre tiene algo que agradecer a la familia y a los amigos. Escribir es robarles tiempo, lo cual es el peor de los errores. Aunque me ha llevado muy poco escribir este libro, apenas unos meses, fueron muchas las tardes dedicadas no solo a redactar, sino a revisar mis diarios y ordenar mis materiales e ideas. No puedo sino agradecer su paciencia cuando me encontraba ensimismado, ido o mecanografiando en el portátil.

Debo también un agradecimiento especial a los primeros lectores del manuscrito. Sus comentarios me han permitido limar asperezas, matizar afirmaciones y aplicar el principio de benevolencia.

Y, por último, agradecer a mis editores que hayan vuelto a confiar en mí añadiendo este nuevo libro a su prestigioso catálogo. La edición ha sido magistral. Ha mejorado notablemente la redacción y ha contribuido eficazmente a eso que hacen los editores realmente buenos: proteger a los escritores de sí mismos y a los libros de sus autores.

Traslado también mi agradecimiento a los libreros, cuya selección, apuesta y criterio son fundamentales para que los libros consigan encontrarse con sus mejores lectores.

Bibliografía

La literatura sobre la universidad, docencia y sociología del profesorado es muy extensa. Aquí recojo tan solo aquella que he tenido más a mano durante la escritura de este libro.

AMBADY, N. y ROSENTHAL, R. (1993): "Half a minute: Predicting Teacher Evaluations from Thin Slices of Nonverbal Behaviour and Physical Attractiveness", *Journal of Personality and Social Psychology*, 64, pp. 431-441.

BAIN, K. (2004): *What the Best College Teachers Do*, Massachusetts, Harvard University Press.

— (2023): *What the Best College Students Do*, Massachusetts, Harvard University Press.

BIGGS, J. y TANG, C. (2011): *Teaching for Quality Learning at University*, Berkshire, Open University Press.

BRANSFORD, J. *et al.* (1999): *How People Learn. Brain, Mind, Experience and School*, Washington D. C., National Academy Press.

BRAUER, M. (2013): *Enseñar en la universidad*, Madrid, Pirámide.

FROMM, E. (1956): *The Art of Loving*, Nueva York, Harper & Brothers.

HARGREAVES, A. y FULLAM, M. (2012): *Professional Capital*, Columbia, Teachers College Press.

HARGREAVES, A. y SHIRLEY, D. (2021): *Well-Being in Schools: Three Forces That Will Uplift Your Students in a Volatile World*, Virginia, ASCD.

Hernández J.; Delgado, A. y Pericay, X. (eds.) (2013): *La universidad cercada. Testimonios de un naufragio*, Barcelona, Anagrama.

Marshall, S. (2019): *A Handbook for Teaching and Learning in Higher Education: Enhancing Academic Practice*, Londres, Routledge.

Michavila, F. (2013): *Bolonia en crisis*, Madrid, Tecnos.

Mullainathan, S. y Shafir, E. (2014): *Scarcity: The True Cost of Not Having Enough*, Londres, Penguin Books.

Ortega y Gasset, J. (2015 [1930]): *Misión de la universidad*, (edición de Santiago Fortuño Llorens), Madrid, Cátedra.

Porta, J. (2018): *Cómo reformar la universidad en 15 días*, Lérida, Milenio Publicaciones.

Race, P. (2019): *The Lecturer's Toolkit: A Practical Guide to Assessment, Learning and Teaching*, Londres, Routledge.

Ramió, C. (2014): *Manual para los atribulados profesores universitarios*, Madrid, Los Libros de la Catarata.

Russell, B. (1930): *The Conquest of Happiness*, Pensilvania, Horace Liveright Ed.

Salinas, P. (2011 [1943]): *Defensa del estudiante y de la universidad* (edición de Natalia Vara Ferrero), Sevilla, Renacimiento.

Shirley, D. y Hargreaves, A. (2021): *Five Paths of Student Engagement: Blazing the Trail to Learning and Success*, Bloomington, Solution Tree Press.

Zabalza, M. A. (2013): *Competencias docentes del profesorado universitario. Calidad y desarrollo profesional*, Madrid, Narcea.

Índice de términos